Recetas para cocinar en familia

Para Ezra, por poner a prueba mis recetas y ser el crítico
más pequeño y parlanchín que tengo. Espero que los bailes a la hora
de la cena nunca se acaben. L. M.

Para mi padre, por su apoyo y amor incondicional, y por enseñarme
a dar la vuelta a las tortitas. Para mi hermana, por guiarme de camino
a locas aventuras y a montañas de empanadillas, y para Frederik,
por estar ahí siempre. Os adoro, también a vuestras quesadillas. C. D.

LITERATURA**SM**•COM

Primera edición: junio de 2024

Dirección editorial: Berta Márquez
Edición ejecutiva: Patrycja Jurkowska
Coordinación editorial: Cristina Pérez

Título original: *How Many Ways Can You Cook an Egg?*
Traducción del inglés: Margarita Arroyo

Publicado por primera vez en Reino Unido en 2022
por Big Picture Press, un sello de Bonnier Books UK.

© del texto: Lizzie Mabbott, 2022
© de las ilustraciones: Charlotte Dumortier, 2022
© Big Picture Press, 2022
© Ediciones SM, 2024
Impresores, 2 - Parque Empresarial Prado del Espino
28660 Boadilla del Monte (Madrid)

ISBN: 978-84-1182-180-3
Depósito legal: M-34132-2023
Impreso en China / *Printed in China*

Recetas para **cocinar** en familia

¡Un conjunto de **platos sazonados** con diversión!

LIZZIE MABBOTT

Ilustraciones de
CHARLOTTE DUMORTIER

Traducción de
MARGARITA ARROYO

sm

Índice

FRUTAS

DE LA HUERTA

DEL MAR

DEL CAMPO

LÁCTEOS Y HUEVOS

PASTA, NOODLES Y PASTA RELLENA

PAN Y CEREALES

carta para los chefs adultos

La comida es algo fundamental en nuestra vida (se podría decir que es lo más fundamental). Este libro se ha escrito con la intención de transformar una simple rutina, como es hacer la compra y cocinar, en una actividad divertida y abierta a toda la familia. La comida rápida y los alimentos precocinados están a la orden del día en nuestra sociedad, pero ¿acaso toda la comida se disfruta de la misma manera? ¿Qué pasaría si nos parásemos un momento para pensar en los ingredientes adecuados, buscar recetas y experimentar con los sabores? ¡De esto trata este libro!

La comida invade todos nuestros sentidos: la vista, el olfato, el gusto, el tacto y los sonidos crujientes... hasta llegar a ese immmmm! de satisfacción que se les escapa a los peques cuando dan el primer bocado. ¡Esto es lo que hace que cocinar sea tan placentero!

Cuando te pones manos a la obra, a menudo se cometen errores y hay contratiempos, no importa cuánta experiencia tengas: los hojaldres se agrietan, las natillas se cortan, la pasta se pasa... Si esto ocurre, es mejor no tomarse los fallos muy a pecho. No hay que desanimarse cuando las cosas salen mal: todo forma parte del proceso de aprendizaje. ¡Lo más importante es divertirse en familia!

Lizzie Mabbott

Higiene y seguridad

La mayoría de las recetas incluyen advertencias de seguridad, pero es recomendable dejar claro a los peques los elementos básicos de higiene y seguridad antes de comenzar. Por favor, permanece junto a ellos en todo momento y, a la hora de manipular determinados utensilios o el fuego, siempre es mejor extremar la precaución. He aquí los principales consejos a tener en cuenta:

Higiene: antes de cocinar, hay que lavarse las manos y recogerse el cabello (si alguien lo tiene largo).

Alergias: si tenéis alguna alergia o vais a cocinar para alguien alérgico, emplead los ingredientes adecuados.

Alimentos crudos: lavaos las manos y limpiad con agua y jabón las superficies que hayan estado en contacto con carne cruda, marisco o huevos. Lavad también las frutas y verduras.

Almacenamiento: es recomendable guardar la fruta y la verdura en los cajones; la carne y el marisco, en la bandeja inferior del frigorífico, y los alimentos cocinados o los ingredientes que no necesiten cocción, en la parte superior.

Conservación: tanto los alimentos crudos como los cocinados deben estar guardados de la forma adecuada.

Utensilios cortantes: los chefs adultos siempre deben supervisar las labores de corte y troceado. Solo tú conoces las habilidades de tus peques a la hora de manejar cuchillos, peladores o ralladores, entre otros.

Calor: es recomendable llevar manga larga y zapato cerrado al cocinar con aceite o sartenes calientes. También hay que asegurarse de que los guantes de cocina no estén húmedos o mojados antes de usarse, para evitar quemaduras. Y recuerda que, ante cualquier fuente de calor (como el horno), los peques requieren la supervisión de un chef adulto.

Trucos y técnicas

¡Manos a la obra! ¡No tengáis miedo a adentraros en el mundo culinario!

He aquí algunas de las técnicas que necesitáis conocer.

Batir

Mezclar

Rallar

Estofar

Tamizar

Montar

El arte de amasar

Para amasar, primero haz una bola con la masa, aplástala suavemente con las palmas de las manos y estírala un poco hacia los lados. Después, dale la vuelta y repite el proceso. Continúa volteando, girando y estirando.

El corte perfecto

Una breve introducción al corte y al rebanado. Existen muchas marcas de cuchillos para niños a partir de 18 meses que les permitirán iniciarse en este arte de forma segura.

Corte en juliana

También conocido como corte en tiras, ya que hay que conseguir trozos alargados y finos. Necesitarás un cuchillo afilado para esta técnica o una mandolina. Ten cuidado y tómate tu tiempo para que los cortes sean uniformes.

Corte en dados

Aquí se trata de trocear en pequeños cubos iguales. Si son los peques los que cortan, dale un repaso rápido a los trozos más desiguales con un cuchillo afilado para que el cocinado sea más sencillo.

Corte en rodajas

Un cuchillo afilado ayudará a conseguir unas rodajas finas y uniformes. ¡Y no os preocupéis si no salen bien a la primera!

El mundo de las frutas

Las frutas son el azúcar de la naturaleza y nos proporcionan pequeños subidones de energía. Lo más divertido de estos alimentos es su gran variedad de sabores y texturas, y las distintas maneras que hay de disfrutarlas. Muchas de ellas son un aperitivo estupendo para tomar al natural, pero otras requieren de un cocinado para que estén sabrosas. ¡Sí, membrillo, estoy hablando de ti!

Fresa

Arándano

Frambuesa

Grosella

Mora

Bayas

Por lo general, son frutas pequeñas, blandas y sin hueso.

Frutas de pepita

Crecen en los árboles con flores.

Manzana

Pera

Membrillo

Uvas

Granada

Kiwi

Caqui

Piel de sapo

Galia

Cantalupo

Sandía

Melones y sandías

Estas frutas redondas y dulces tienen una cáscara muy dura. Si el melón suena hueco, está en su punto de maduración. ¡Dale un golpecito y aguza el oído!

Calabaza china

Melón amargo

Frutas de hueso

Salvo alguna excepción (como el mango), las frutas de hueso no suelen madurar una vez recolectadas. Por ello es importante comerlas en temporada.

Mango

Cerezas

Ciruela

Nectarina

Pomelo

Cítricos

Son frutas jugosas, ácidas, fragantes y melosas.

Limón

Naranja

Lima

Bergamota

Mandarina

Cidra

Frutas tropicales

Crecen en los árboles de los trópicos.

Guayaba

Plátano

Pitahaya

Piña

Rambután

Lichi

Yaca

Carambola

Tomate

¿Verduras? Pues no: ¡son frutas!

Aguacate

Berenjena

Jugosas, crujientes, viscosas, gelatinosas, ácidas, amargas, dulces, florales... ¡Todo cabe en el mundo de las frutas! Y, además, saborear un melocotón bajo los rayos del sol no tiene nada que ver con darle un bocado a un pastel de melocotón rebosante de crema recién sacado del horno. Ahí es donde reside la belleza de la fruta: ¡puedes disfrutarla de muchas formas y nunca te aburrirás de ella!

Todo sobre las manzanas

Aunque algunas manzanas están todo el año en temporada, muchas alcanzan su mejor momento cuando las hojas de los árboles empiezan a marchitarse y la temperatura comienza a descender. Crujientes, brillantes, refrescantes y jugosas, las manzanas marcan el cambio a los platos contundentes y reconfortantes de los meses más fríos. Los pasteles y púdines de manzana son suaves, deliciosos y una manera riquísima de darle la bienvenida al otoño.

Granny Smith

LA MÁS ÁCIDA

Pink Lady

Red Prince

Bramley

Braeburn

Para aprovechar al máximo las manzanas, necesitas familiarizarte con los sabores y con las texturas de cada variedad. Las manzanas duras y contundentes conservan bien sus jugos, por eso son las más apropiadas para trocear y cocinar. Las manzanas rojas son dulces y fragantes, por lo que son estupendas para tomar de aperitivo, o para añadirlas a las ensaladas o al muesli.

Experimenta combinando un par de manzanas distintas al cocinar para conseguir sabores más interesantes. Prueba a comprar frutas sueltas en la frutería para conseguir una mayor variedad.

LA MÁS DULCE

Royal Gala

Chantecler

Red Delicious

Golden Delicious

Jazz

Reineta

Cox

¿SABÍAS QUE...?

El récord a la manzana más pesada del mundo se obtuvo en Japón en el año 2005. Pesó la impresionante cantidad de 1,849 kg, ¡tres veces el peso de una pelota de baloncesto!

Tortitas de manzana con pasas sultanas y mantequilla de canela

**INGREDIENTES
PARA 8 TORTITAS**

50 g de pasas sultanas
a remojo durante 15 minutos
en 50 ml de agua hirviendo

2 manzanas a tu elección (por
ejemplo: pink lady o reinetas)

80 g de harina común

40 g de harina integral

**1 cucharadita y media
de levadura química**

1 huevo mediano

80 ml de leche entera

2 cucharaditas de canela

**1 cucharada sopera
de azúcar** (opcional)

100 g de mantequilla sin sal
a temperatura ambiente

Estas reconfortantes tortitas, esponjosas y ligeras, no solo quedan bien con manzanas; también puedes combinarlas con otras frutas de temporada: peras pochadas, naranjas sanguinas y miel, ciruelas asadas con almendras... Una vez que aprendas las bases para hacer tortitas, puedes hacer muchas variaciones. Además, prueba también con distintas especias para la mantequilla, como la nuez moscada o el jengibre en polvo.

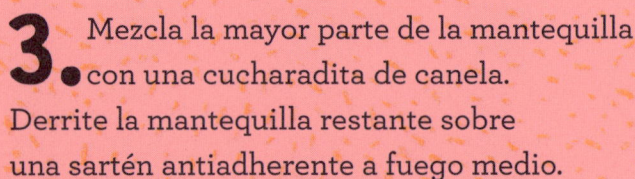

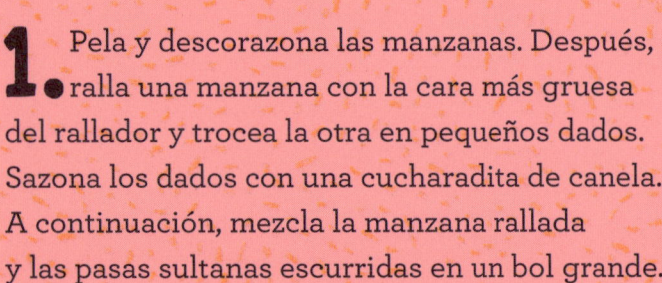

1. Pela y descorazona las manzanas. Después, ralla una manzana con la cara más gruesa del rallador y trocea la otra en pequeños dados. Sazona los dados con una cucharadita de canela. A continuación, mezcla la manzana rallada y las pasas sultanas escurridas en un bol grande.

2. Para la masa, añade los huevos y la leche al bol y mezcla bien. Tamiza la levadura química, el azúcar (si lo usas) y la harina común e integral, y remueve hasta que todo se integre bien.

3. Mezcla la mayor parte de la mantequilla con una cucharadita de canela. Derrite la mantequilla restante sobre una sartén antiadherente a fuego medio.

4. Utilizando un cucharón como medida, pon una porción de masa en la sartén. Baja el fuego a una temperatura media-baja y cocina hasta que veas que la superficie de la tortita empieza a burbujear (2 minutos aproximadamente). Dale la vuelta a la tortita con una espátula o, si te atreves, voltea

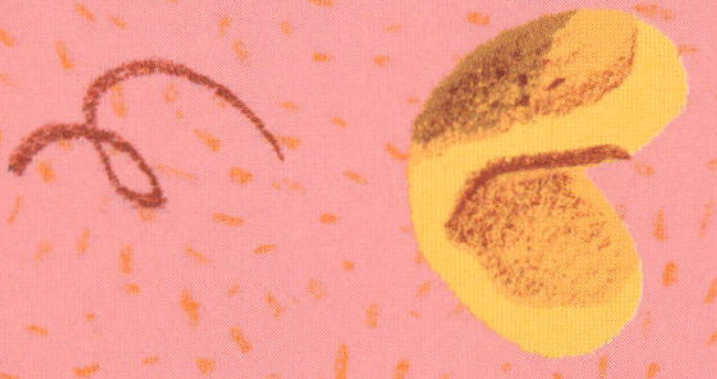

CONSEJO PARA LOS CHEFS ADULTOS

Estas tortitas son estupendas para los peques que están aprendiendo a agarrar y a comer por sí solos. ¡También pueden disfrutarse en familia durante una mañana de domingo!

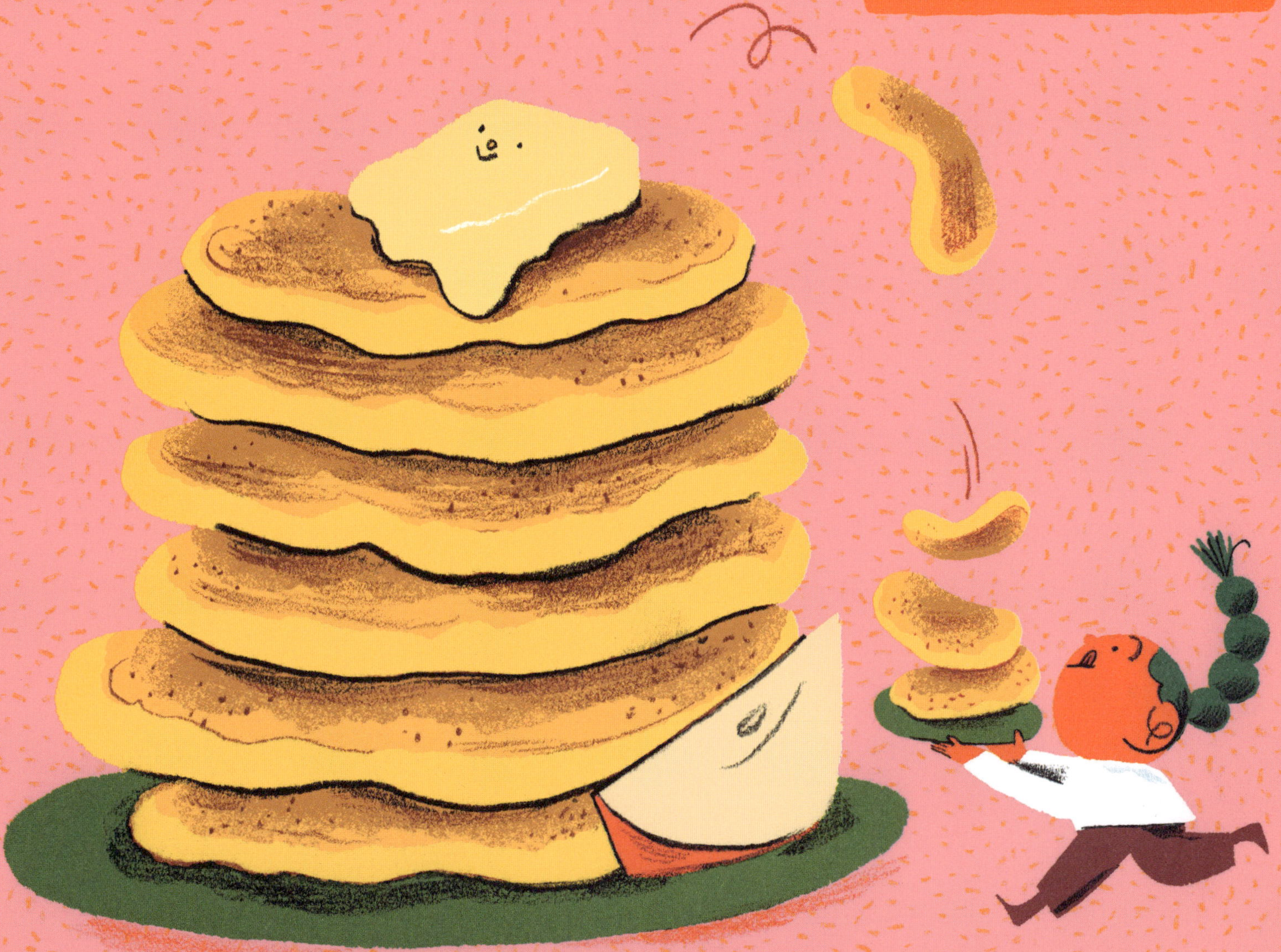

la tortita en el aire, despegando primero los bordes con cuidado y girándola después al impulsar la sartén hacia arriba con un movimiento rápido y ágil. ¡A ver qué tal sale!

5. Si tienes una sartén grande, puedes hacer dos o tres tortitas a la vez. Ponlas en un plato y consérvalas en el horno para que no se enfríen mientras haces el resto.

6. Para emplatar, coloca sobre la tortita un poco de mantequilla de canela y decórala con dados de manzana. ¡Y añade sirope si te espera un día ajetreado!

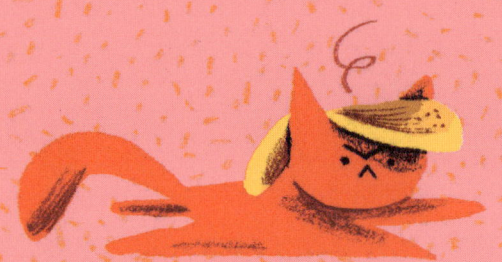

Aderezo de manzana, cebolla y salvia

INGREDIENTES
PARA UNA GUARNICIÓN
DE 4 RACIONES

2 manzanas ácidas
(por ejemplo, Granny Smith),
descorazonadas y cortadas
en dados pequeños

2 boles con agua muy fría;
uno de ellos con **zumo de limón**

1 cebolla blanca, pelada y cortada
en dados muy pequeños

1 cucharada sopera de mantequilla

6 hojas de salvia

1 pizca de sal

La acidez de la manzana Granny Smith es perfecta
para acompañar sabores contundentes, como el queso,
las nueces, las salchichas o el cerdo asado. Esta salsa ácida
funciona genial con la morcilla gracias a su sabor suave
y especiado. Este aderezo también se puede reducir:
solo tienes que cambiar la Granny Smith por una manzana
reineta, y cocinar a fuego lento con un poco de agua
para obtener una salsa más cremosa. ¡Perfecta para
acompañar el maravilloso asado
de los domingos en familia!

1. Pon los dados de cebolla
en el bol de agua fría durante
al menos 15 minutos para suavizarlas
y eliminar parte del picor.

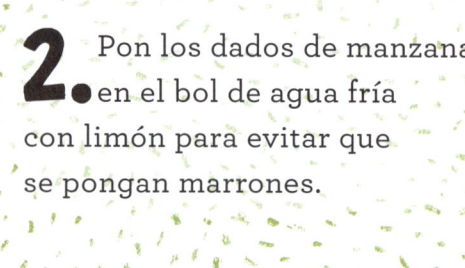

2. Pon los dados de manzana
en el bol de agua fría
con limón para evitar que
se pongan marrones.

4. Escurre los dados de cebolla y sécalos con un papel de cocina antes de ponerlos en la sartén con la mantequilla. Saltea bien la cebolla y luego resérvala en un bol limpio.

3. Echa la mantequilla a una sartén pequeña y, cuando empiece a hacer espuma, añade las hojas de salvia. Remueve las hojas de vez en cuando hasta que estén crujientes, sin que se quemen. Retíralas y ponlas a escurrir en papel de cocina.

5. Seca la manzana antes de mezclarla con la cebolla. Desmenuza las hojas de salvia y añádelas también. Echa la sal y remueve con las manos cuidadosamente.

Hojaldres de manzana, moras y avellana

**INGREDIENTES
PARA 4 HOJALDRES**

1 lámina de hojaldre

**1 manzana grande (por
ejemplo: reineta)** pelada,
descorazonada y en dados

120 g de moras frescas

**1 cucharadita
de azúcar extrafino**

**3 cucharaditas
de harina de maíz**

**3 cucharadas soperas de
avellanas** o almendras
finamente picadas

Almendras laminadas
(opcional)

1 huevo grande, separando
la clara de la yema

1 cucharada sopera de leche

Puedes utilizar la pasta de hojaldre que se vende
en las tiendas, pero si tienes algo de tiempo libre,
hacer tu propia masa casera dará un resultado aún mejor.
Los aromas del hojaldre dorándose y la manzana cocinándose
envolverán tu casa como un cálido abrazo. Estos deliciosos
hojaldres se pueden comer solos, pero también resultan ser
un postre fabuloso, sobre todo si los sirves con helado o con natillas.

1. Precalienta el horno a 200 °C.

2. Extiende la lámina de hojaldre sobre una bandeja de horno
cubierta con papel para hornear. Bate la clara del huevo
y utiliza una brocha de repostería para esparcir la clara sobre
el hojaldre y déjalo reposar en el frigorífico durante 15 minutos.
Así se creará una barrera para evitar que la base se quede blanda.

3. Para hacer el relleno, mezcla en un bol la manzana,
el azúcar extrafino, la harina de maíz y las moras.
Ve incorporando con cuidado las avellanas.

4. Corta la lámina de hojaldre en cuatro rectángulos
grandes y, con un cuchillo para mantequilla, marca
con suavidad el lugar donde deberá ir el relleno, sin cortarlo.

5. Pon dos cucharadas soperas de relleno en uno de los lados
del rectángulo y luego dobla el hojaldre por la mitad.
¡Ciérralo bien! Presiona los bordes con un tenedor, o bien saca
tu creatividad y pellizca la masa con la punta de los dedos.
Repite por todo el borde y haz lo mismo en cada rectángulo.

PRESIONA

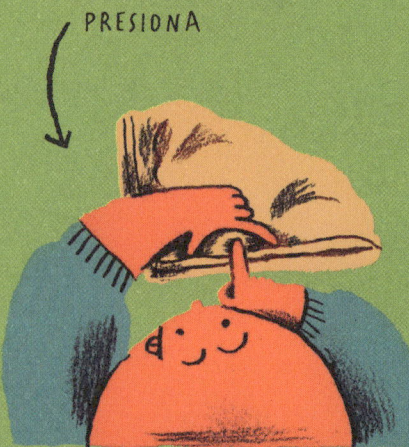

COLOCA EL ÍNDICE
Y EL PULGAR
SOBRE EL DEDO

PELLIZCA

REPITE

CONSEJO PARA LOS CHEFS ADULTOS

Antes de hornear, haz tres agujeros en la parte superior de la empanadilla con un palillo o algo puntiagudo. ¡Esto permitirá que salga el vapor y evitará que el hojaldre explote!

¡OTRO CONSEJO!

A medida que los niños se hagan más mayores, puedes ser algo más permisivo y espolvorear azúcar glas. Ten precaución con los frutos secos si vas a utilizarlos: asegúrate de que los niños tengan hechas las pruebas de alergia si son considerados de alto riesgo. Ten en cuenta que los niños de menos de 5 años no deben comer frutos secos enteros o de tamaño grande, y los menores de 6 meses solo pueden tomar frutos secos en crema. ¡Si tienes dudas, no los uses!

Tubérculos, solanáceas, verduras y hojas verdes

El mundo de las hortalizas es gigantesco y de lo más estimulante: cada temporada aparecen delicias nuevas de todos los colores. ¡A veces resulta difícil de creer que semejantes bellezas han crecido en el suelo!

Pimienta

Berenjena

Cayena

Patata

Tomates

Solanáceas

Son una familia de plantas con flor. Muchas de ellas son venenosas, pero otras se pueden comer.

Tomatillo (tomate verde mexicano)

Tubérculos

Estas hortalizas crecen bajo la tierra.

Zanahoria

Apio nabo

Cebolla

Ajo

Cebolleta

Boniato

Remolacha

Jengibre

Zanahoria

Brócoli

Coliflor

Crucíferas

Aviso: estas hortalizas contienen azúcares que pueden causar flatulencias... ¡Prrr!

Pak Choi

Col de Bruselas

Rabanito

Col Kale

Puerro

Hinojo

Colinabo

Apio

Acelga

Espárrago

Hojas verdes

En este grupo, las partes comestibles son los tallos de las plantas.

Ruibarbo

Legumbres

Hay muchas legumbres secas que comemos cocinadas (página 30), pero estas son mejores si se consumen frescas.

Judías verdes

Guisantes

Edamame

Habas

Judía verde redonda

Guisante de azúcar

salsas verdes del mundo

Las salsas verdes son sorprendentemente fáciles de hacer: solo debes triturar los ingredientes en la batidora o juntarlos en un bol y remover con aceite o vinagre. Abajo te enseñamos una selección de salsas de todo el mundo. ¿Cuántas eres capaz de hacer?

salsa zhoug

Esta salsa de Oriente Medio se hace con cilantro, cardamomo, ajo, comino y guindillas.

Cilantro

salsa de menta

La salsa de menta inglesa se hace con menta, vinagre de vino blanco y azúcar extrafino.

Menta

Salsa verde mexicana

Esta salsa picante lleva cilantro, tomatillo, ajo y lima.

salsa chutney verde

Esta reconfortante salsa es de origen indio. Lleva menta, cilantro, cayena verde, comino, nuez tostada y harina de garbanzo.

salsa green goddess

Esta salsa es de Estados Unidos y se hace con perejil, estragón, cebollino, yogur griego, ajo, limón, anchoa y alcaparra.

Cebollino

Estragón

Perejil

Salsa grüne soße

Esta salsa es alemana y su nombre significa «salsa verde». Se hace con perejil, berro, pimpinela, borraja, acedera, cebollino, perifollo, yema de huevo cocida y crema agria.

Acedera

Perifollo

Pesto

1 puñado de hojas de albahaca

Queso parmesano

Unos pocos piñones

1 chorrito de aceite de oliva virgen

1 diente de ajo machacado

1 pellizco de sal y de pimienta (opcional)

El pesto es sencillo de hacer: ¡solo tienes que poner los ingredientes en la batidora! Hay algunas personas que opinan que debe machacarse usando un mortero para obtener el mejor sabor, y otras pueden escandalizarse si esta salsa no se ha hecho picando los ingredientes a mano. Si te apetece poner en práctica tus habilidades picando, primero comienza por los ingredientes más duros (el ajo y los piñones) y luego los más blandos. Solo tienes que seguir troceando y troceando y troceando...

1. Pon las hojas de albahaca y los piñones en una batidora o en un robot de cocina y tritura hasta conseguir una pasta espesa.

2. Añade el ajo machacado y el queso parmesano, y luego tritura de nuevo.

3. Mientras trituras, añade lentamente el aceite de oliva virgen.

4. Añade sal y pimienta al gusto.

CONSEJO PARA LOS CHEFS ADULTOS

Muchos adultos y niños toman demasiada sal en su dieta. Se recomienda añadir el mínimo de sal.

Todo sobre las setas

Existen millones de tipos de hongos distintos.
Algunos son bonitos, como el rebozuelo, pero también hay otros
que dan miedo de verdad, como el hongo de la muerte.

Recolectar setas es una actividad popular, pero jamás debes coger
ni comer ninguna seta que hayas encontrado en el campo. Hay una gran
variedad de setas, desde comestibles hasta mortalmente venenosas,
y distinguirlas es difícil, así que solo los expertos deben recolectarlas.

Aquí verás algunas setas comestibles deliciosas.
Muchas son de temporada, así que tal vez
no puedas encontrarlas todo el año. Otoño es
el mejor periodo del año para muchos hongos:

Seta de ostra

Rebozuelo

Hongo de la nieve

Shimeji

Shimeji blanco

Champiñón blanco

Pollo del bosque

Enoki

Seta china

Colmenilla

Las setas contienen glutamato, lo que les da el sabor umami (¡es superdivertido decir «uuu-ma-mi»!). Este sabor es muy gustoso e intenso, y se da de forma natural en los tomates, las anchoas y el queso.

Boletus

Portobello

Todo sobre las legumbres

A grandes rasgos, es probable que todo lo que encuentres
en el supermercado donde están las judías y las lentejas sean
legumbres. Las legumbres se cultivan y se comen en todo el mundo,
y son nutritivas tanto para nuestra salud como para la tierra.

Las **judías azuki**
a menudo se cocinan
en puré y se endulzan
para hacer postres
tanto en Japón
como en China.

Judía azuki

Judía mungo

lenteja roja

En Hong Kong
es habitual ver polos
de soja verde
(**judía mungo**)
y de judías rojas.

En Reino Unido,
el **guisante marrowfat**
se cuece para hacer
el puré que acompaña
al famoso plato
de fish and chips.

Guisante marrowfat

Las lentejas partidas se
utilizan mucho en la cocina
del sur de Asia. Tanto
la legumbre como la receta
en sí se denominan dal.

*Lenteja verdina
(de Puy)*

Judía roja

Alubia carilla

Garbanzo

*Judía blanca
(¡perfecta para la fabada!)*

Los **garbanzos** son
el ingrediente principal
del cocido (¡ñam!)
y del humus
(al que se añade ajo, sal,
tahini, zumo de limón
y aceite de oliva).

RECETA RÁPIDA
*Para hacer unos polos de helado rápidos
y sencillos, tritura 1 lata de judías azuki
escurridas (deja 2 cucharadas soperas
de judías sin triturar), con ½ lata
de leche de coco y 3 ciruelas. Añade
las judías enteras, remueve y después
pon la mezcla en moldes para polos.
Déjalos en el congelador toda la noche.*

... Y sobre el maíz

El maíz es un cereal antiguo (páginas 88-89), y México fue el primero en utilizarlo hace 10 000 años. Crece en todo el mundo y sus usos, tanto seco como fresco, son tremendamente variados. El maíz alimenta a una gran parte de la población mundial, por toda América y África. Estas son sus tres variedades principales:

Maíz dulce

Palomitas de maíz

El maíz dulce puede consumirse fresco (en mazorca), pero también se puede encontrar congelado o en conserva.

Maíz molido

No todos sirven para hacer palomitas; de hecho, ¡solo una variedad hace pop!

El maíz puede molerse en distintas texturas, y a menudo se come en gachas o en polenta (página 34). También se emplea para hacer harina: la masa de maíz es una harina mexicana con un característico sabor a maíz que se utiliza para hacer tacos y totopos.

¿SABÍAS QUE...?

Quetzalcóatl era uno de los dioses antiguos más importantes de Mesoamérica (América Central). Era el dios de la creación y, según la leyenda, tras tomar la apariencia de una hormiga, ¡descubrió el maíz!

Buñuelos de maíz

**INGREDIENTES
PARA 9-12 BUÑUELOS**

1 mazorca de maíz (solo los granos), o **1 taza de maíz dulce en conserva de 160 g** (también puedes emplear maíz dulce congelado tras 2 minutos en agua hirviendo)

2 cebolletas muy picadas

1 puñado pequeño de hojas y tallos de cilantro, muy bien picados

Una pizca de sal (opcional)

20 ml de leche

1 huevo

2 cucharadas soperas de harina bizcochona

1 cucharada sopera de aceite

¡Prepárate para una revolución de sabores con estos buñuelos! Es muy fácil adaptarlos y experimentar nuevos sabores con ellos hasta dar con la combinación que te guste. Por ejemplo, si el cilantro no te gusta mucho, ¡cámbialo por perejil! O, si te atreves con el picante, añade una cayena picada. Hasta el maíz puede sustituirse: calabacín, boniato, remolacha rallada... (¡Atención! Esta última puede teñirte las manos durante un tiempo).

¡SUPERCONSEJO!
Sírvelos con algunos de estos acompañamientos: guacamole, un ramito de tomates cherry a la brasa, huevos poché o fritos, tiras de beicon crujientes o mermelada de pimiento morrón.

1. Junta el maíz, la cebolleta, el cilantro, la sal, la leche y el huevo en un bol grande. Mezcla bien hasta que el huevo quede bien batido y añade 1 cucharada sopera de la harina bizcochona. Ve añadiendo harina gradualmente y mezcla hasta tener una masa de maíz espesa, con bastante consistencia y no muy pegajosa. La mezcla debería poder manejarse con facilidad con una cuchara.

2. Pon una sartén antiadherente a fuego medio, añade el aceite y deja que se caliente. Fríe un par de cucharadas de la masa de maíz y, tras unos 2 o 3 minutos, verás que los bordes comienzan a hacerse (aparecerán burbujas en la superficie del buñuelo). Utiliza una espátula para darle la vuelta con cuidado. Fríe durante otros 3 o 4 minutos.

INGREDIENTES PARA 2 RACIONES

1 mazorca de maíz, sin hojas y partida por la mitad

2 cucharadas soperas de mayonesa

60 g de queso cotija rallado (u otro queso salado y consistente, como el feta)

1 lima

½ cucharadita de cayena molida (opcional)

Cilantro al gusto

Mazorcas de maíz al estilo mexicano

Esta es una forma maravillosa de comer maíz (combina el salado, el amargo y el dulce) y resulta perfecta para los cálidos días de verano, con todos reunidos ante una barbacoa y con un montón de servilletas a mano. ¡Si no te pringas la nariz de queso y mayonesa, no lo estás comiendo bien!

1. Con la ayuda de un chef adulto, asa en el horno o en la barbacoa las mazorcas de maíz, dorándolas de manera uniforme.

2. Deja que se enfríen un poco y expande una capa generosa de mayonesa con un pincel de repostería. Esparce el queso por encima y, si vas a usarla, espolvorea con la cayena molida.

3. Corta la lima por la mitad y estruja el zumo sobre las mazorcas. Por último, antes de comerlas, echa el cilantro por encima.

Dos recetas con polenta

**INGREDIENTES
PARA 4 RACIONES
DE POLENTA
COMO GUARNICIÓN**

250 g de polenta instantánea

**1 l de caldo de verduras
o de pollo**

**1 cucharada sopera
de mantequilla sin sal**

**1 puñado del queso que
prefieras:** parmesano,
grana padano, cheddar,
comté o gruyer... ¡Pero si
quieres dar más sabor,
ponle gorgonzola!

La polenta se hace con maíz seco molido en un polvo fino. Procede del norte de Italia, y tiene que cocinarse mucho tiempo a fuego lento y removerse con frecuencia (a no ser que se emplee polenta instantánea). Puede servirse como acompañamiento de unas salchichas con cebolla, o junto a un sustancioso estofado o ragú. Con los restos de la polenta (una vez que se enfría y se solidifica) se pueden cocinar deliciosos palitos con queso... ¡A cocinar!

1. Pon el caldo en una sartén grande y calienta a fuego alto. Cuando comience a hervir, reduce a fuego bajo y utiliza unas varillas para batir. ¡Usa guantes de cocina para protegerte de las salpicaduras! Pídele a un chef adulto que vaya añadiendo la polenta a la sartén despacito mientras bates.

2. Sigue batiendo mientras llevas la mezcla a ebullición, hasta que la polenta se espese y comience a borbotear. ¡Baja el fuego de inmediato, que ahora comienza la tarea!

3. Bate durante 5 minutos más. Haz turnos con tu pinche de cocina... ¡Se te pueden cansar los brazos!

4. Añade la mantequilla y el queso, remueve y sirve inmediatamente. Una vez hayas servido las porciones que necesites, guarda las sobras en un contenedor grande. En cuanto la polenta se enfríe, cuajará y será mucho más fácil de manejar.

Palitos de polenta con queso

1. Vuelca las sobras de polenta sobre la tabla de cortar.

2. Corta haciendo triángulos, bastones o rectángulos y sécalos con papel de cocina.

3. En una sartén antiadherente, calienta un chorrito de aceite a fuego medio y añade con cuidado los trozos de polenta cuando esté caliente. Fríelos por cada lado hasta que estén dorados y crujientes. Llevará unos 10 minutos por lado.

Pan de maíz

**INGREDIENTES
PARA 4 RACIONES**

240 g de harina de maíz
gruesa o polenta

50 g de harina panadera

1 cucharadita de sal de mesa

1 cucharadita de azúcar
extrafino

2 huevos

480 g de yogur natural

1 cucharadita de
bicarbonato de sodio

1 cucharada sopera
de miel, derretida junto
a 2 cucharadas soperas
de mantequilla

1 cucharada sopera
de aceite vegetal

El pan de maíz también se hace con maíz seco. Puedes usar tanto harina de maíz como polenta (¡atención a la consistencia del grano!: la polenta es más delicada que la harina de maíz). Hay muchos platos que se hacen utilizando el pan de maíz (bollería o algunos desayunos populares en el norte de América). Puedes usar moldes de magdalena, pero lo tradicional es usar una sartén de acero fundido. Con las sobras puedes cocinar un pudin delicioso de pan y mantequilla. Prueba también a hacer tostadas francesas con fruta... ¡Buenísimas!

1. Precalienta el horno a 180 °C con ventilador. Unta un molde para magdalenas, una bandeja de horno o una sartén de hierro fundido con una capa de aceite.

2. Mezcla todos los ingredientes secos en un bol.

3. Bate los huevos y el yogur hasta que se mezclen bien, y luego añádelo a los ingredientes secos y sigue removiendo.

4. Vierte la mezcla con cuidado en el contenedor para hornear que has preparado (debes oír un crujidito) y luego mételo en el horno.

5. Hornea de 25 a 30 minutos si has empleado una bandeja de horno, o de 13 a 15 si son moldes para magdalenas. Utiliza una brocheta para pinchar el centro y, si sale limpia, ¡es que está listo! Si el pan de maíz se pega un poco, déjalo un par de minutos más en el horno.

6. Deja enfriar y después esparce una capa generosa de la mezcla de miel y mantequilla antes de servirlo acompañando un pollo frito, unas costillas a la barbacoa con ensalada de col o un estofado.

Reto: fermentar verduras

Hacer encurtidos y fermentar vegetales es una de las maneras más nutritivas de conservar el producto fresco durante más tiempo. Los encurtidos están presentes en casi todas las culturas del mundo: Corea es famosa por el kimchi, mientras que el chucrut es popular en Alemania y en el este de Europa. Los pepinillos en vinagre o los agridulces se disfrutan en toda América, mientras que en la India hay una gran variedad de frutas encurtidas.

¡SUPERCONSEJO!
Esteriliza siempre los tarros antes de usarlos, además de lavar a fondo las verduras, las superficies donde trabajes y tus manos antes de prepararlos.

Existen dos maneras de hacer encurtidos: la primera es empleando sal, que elimina las bacterias nocivas (¡toma nota!: los lactobacilos son unas bacterias beneficiosas que sobreviven a este ingrediente y dan a las verduras un sabor ácido), y la segunda, con vinagre.

Aquí te ofrecemos un método de encurtir tus propias verduras con fermentación láctica: solo necesitas sal marina, las verduras de tu elección, una balanza, un paño de muselina y un tarro de cierre hermético. Observa cómo empieza el proceso de fermentación a medida que pasan los días y contempla las burbujas que se producen alrededor de las verduras.

¡Experimenta con los sabores!

Puedes probar con:

Zanahoria y col blanca ralladas, con semillas de alcaravea.

Hinojo, jengibre fresco y col.

Chucrut

1 col blanca pequeña,
   o ½ morada
   y ½ blanca
1 cucharada sopera
   y ½ de sal marina

Esta saludable receta está repleta de probióticos, que son magníficos para la salud intestinal. Resulta perfecta para sándwiches o como un sabroso acompañamiento. ¡A encurtir!

1. Retira todas las hojas lacias de la col y córtala en rebanadas finas. Ponla en un bol grande y limpio y rocíala con la sal. Con las manos limpias, comienza a estrujar y frotar la col con la sal. ¡Antes, asegúrate de que no tienes ningún corte o arañazo en las manos, o te escocerá y no será tan divertido! Hazlo durante al menos 10 minutos.

2. Coloca la col dentro del tarro y presiónala hasta fondo. Vierte en el tarro el jugo sobrante del paso 1. Durante todo un día, sigue presionando la col con una cuchara para que libere su jugo. Truco: si tienes problemas para mantener la col sumergida en el líquido, llena con agua una bolsa de zip y colócala sobre la verdura. Cubre con un paño de muselina y cierra con una goma elástica. Si, después de un día, la col no ha liberado suficientes jugos como para quedar cubierta por ellos, disuelve una cucharadita de sal en 170 ml de agua caliente, deja que se enfríe y viértela en el tarro.

3. Después de 3 días, pruébala. Sigue probándola hasta que tenga el punto de acidez que te guste... ¡y entonces guárdala en el frigorífico!

Todo sobre el pescado

El pescado que comemos puede clasificarse en dos categorías: pescado azul y pescado blanco. El primero es rico en ácidos grasos y tiene muchos beneficios para la salud. Suele recomendarse comer al menos una ración de pescado azul a la semana.

El pescado blanco tiene poca grasa y mucha proteína, y a su vez se clasifica en dos categorías: pescado plano y pescado redondo. Se diferencian en que el pescado plano es muy fino, tiene los dos ojos en un lado de la cabeza y se desliza sobre el fondo marino, como si fuese una alfombra.

Carbonero

Abadejo

Rape

PESCADO REDONDO

Lubina

Bacalao

Eglefino

Merluza

Raya

Rodaballo

PESCADO PLANO

Lenguado

Solla

Rémol

Salmón

PESCADO AZUL

Trucha

Sardina

Caballa

Atún

Anchoa

Anguila

Arenque

Salmonete

Gamba

Cangrejo de río

Langosta

Sepia

Pulpo

MARISCO

Ostra

Cangrejo

Caracol marino

¿SABÍAS QUE...?

Aunque se venda en las pescaderías, ¡el marisco
no es un pescado! Los mariscos pertenecen a la familia
de los moluscos o crustáceos. La mayor parte de ellos
tienen resistentes exoesqueletos (¡su esqueleto
está por fuera!), o habitan dentro de conchas.
Los calamares, las sepias y los pulpos son la excepción:
estas criaturas poseen picos parecidos a los de las aves.

Vieira

Mejillón

Almeja

Bígaro

Formas de cocinar

El refrán dice que hay muchos peces en el mar, pero, por desgracia, no hay tantos como debería. La pesca excesiva y la popularización de algunos pescados han hecho que algunas especies estén desapareciendo de los océanos. Por eso, cuando compres pescado, comprueba su procedencia y si es sostenible: esto quiere decir que puedes degustarlo de manera responsable.

Cocina su piel

Como regla muy general, puedes freír, hacer a la plancha o a la brasa cualquier pescado cuya piel sea comestible.

En el caso de **la lubina, del salmón, del bacalao o de la caballa**, puedes untar su piel con aceite y freírlos mientras los presionas suavemente con la espátula. Así, la piel quedará crujiente y deliciosa.

Los **filetes de salmón** son perfectos para hacer cocidos. Es importante mantener la piel mientras se cuecen y quitarla con cuidado mientras se enfrían. ¡A nadie le gusta la piel babosa!

Para **las alas de raya y las piezas gruesas de bacalao, halibut o rodaballo**, cuécelas en su jugo con mantequilla teniendo cuidado (ve bañándolas con cucharadas).

Pescados en salazón

La salazón es una técnica muy antigua y a menudo se realiza marinando o ahumando el pescado antes de consumirlo. Una forma sencilla de salar pescado en casa es haciendo gravlax:

1. Extiende una mezcla de sal, azúcar y eneldo a partes iguales sobre una pieza de salmón crudo.

2. Coloca otra pieza de salmón encima para hacer un sándwich y envuelve todo con film transparente.

3. Ponlo en el frigorífico y mantenlo presionado con algún recipiente que haga peso.

4. Dale la vuelta cada día durante 3-5 días y luego retira la salazón con una brocha. Sirve en lonchas finas.

el pescado

Los pescados pueden cocinarse de diversas formas, aunque algunos métodos son más apropiados que otros, dependiendo del tipo de pescado. Por ejemplo, no es aconsejable rebozar y freír el atún, ya que su carne es muy firme, del mismo modo que el carbonero no es el más adecuado para hacer sashimi. Probar todas las variedades que puedas te ayudará a distinguir los métodos de cocción que funcionan mejor.

Pescado crudo

El pescado crudo puede estar igual de delicioso; sin embargo, debes asegurarte de que es muy fresco.

Comprar pescado para **sushi** implica que se ha procesado siguiendo las normas sanitarias más estrictas. ¡No comas pescado crudo que no haya sido preparado! En eso, los japoneses son expertos. Convertirse en un *itamae* (cocinero profesional del sushi) puede llevar al menos diez años, ¡pero no te desanimes! Hacer rollitos sencillos a mano es un plato magnífico por el que empezar.

El **poke** es un plato hawaiano. El salmón crudo y el atún se suelen marinar con diversos sabores: al salmón le va muy bien lo salado, lo ácido y lo especiado; en cambio, con el atún, lo salado con algo dulce (como la miel) funciona de maravilla.

El **ceviche** es una magnífica oleada de frescor veraniego procedente de América del Sur. Se emplea un ingrediente ácido, como el zumo de lima, para adobar ligeramente el pescado antes de mezclarlo con la cebolla, el boniato y el cilantro.

Pescado al horno en papillote al estilo chino

**INGREDIENTES
PARA 4 RACIONES**

4 filetes de pescado blanco con piel con grosor uniforme

4 cebolletas sin extremos, en tiras de un dedo de grosor

Un trozo de jengibre de 5 cm, pelado y en juliana

4 cucharaditas de salsa de soja suave

Un pellizco de azúcar

3 cucharadas soperas de aceite suave

2 cucharadas soperas de agua

Papel de aluminio

Esta forma de cocinar el pescado al vapor, rociándolo después con jengibre, cebolleta y aceite, es cantonesa. Es muy popular en Hong Kong y en el sur de China. El aceite saca un montón de sabor, y un pescado blanco con piel (como el bacalao, besugo, lubina o merluza) será el mejor para esta receta porque no se desmenuzará al cocinarse. Lo bueno de estos papillotes de pescado es que son rápidos de hacer y muy sanos. Sus deliciosos sabores son sencillos y dejan que el pescado sea protagonista.

1. Precalienta el horno a 180 °C. Coloca los filetes con la piel hacia abajo en una hoja de papel de aluminio sobre una bandeja de horno. La hoja debe ser suficientemente grande como para que al plegarla pueda abarcar los filetes, formando un paquete espacioso.

2. Rocía agua sobre el pescado y a su alrededor.

3. Sella el paquete plegando los extremos del aluminio y hornea de 7 a 12 minutos, según el grosor del pescado.

4. Cuando el pescado esté hecho, retira el papillote del horno y despliega el papel de aluminio con precaución. ¡Ten cuidado con el vapor! Estará muy caliente.

5. Echa el jengibre y la cebolleta por encima. Añade un pellizco de azúcar y una cucharadita de salsa de soja suave sobre cada filete.

6. Calienta el aceite en una sartén pequeña. Después, con mucho cuidado y con la ayuda de un chef adulto, viértelo sobre el jengibre y la cebolla... ¡y disfruta de los olores! Así se crea un aroma maravilloso e intenso, y una deliciosa salsa para el arroz.

7. Presenta la bandeja en la mesa para que todos puedan servirse su propia porción de pescado. La cococha es la parte más jugosa, así que, si has cocinado un pescado entero en lugar de filetes, ¡no os peleéis por ella!

Otras ideas para papillotes

Estas sugerencias son para cocinar todo a la vez.
Solo necesitarás un poco de arroz, patatas o cuscús
de acompañamiento para que se empapen con la salsa.

Bacalao con aceite de oliva, tomate,
albahaca y alcaparras.

Salmón con jengibre, salsa de ostras y bimi.

Abadejo con hinojo finamente picado,
mantequilla y limón.

Trucha arcoíris con espinacas, eneldo y limón.

Besugo con aceite de oliva, ajo, espárragos,
tomates cherry y perejil.

Vieiras con fideos vermicelli y salsa
de alubias negras.

Palitos de pescado con especias

INGREDIENTES PARA 8 PALITOS DE PESCADO

300 g de filetes de pescado (para esta receta, son estupendos el bacalao, abadejo, merluza o salmón)

200 g de harina común

1 cucharadita de cilantro molido

½ cucharadita de cúrcuma

1 cucharadita de garam masala

1 pellizco de sal

1 cucharadita de comino molido

1 huevo grande batido

200 g de panko (o sobras de pan deshidratadas en el horno a baja temperatura y trituradas en la picadora)

Aceite de cocina o espray de aceite de cocina

Es muy fácil sacar los palitos de pescado del congelador y cocinarlos, pero ¿por qué no los haces tú? Aunque los palitos congelados estén sabrosos, de esta manera puedes usar otros tipos de pescado, además de añadir distintas especias al pan rallado. ¡Quién sabe, lo mismo hasta prefieres los que has hecho tú! Unos palitos de pescado rollizos y crujientes están increíblemente deliciosos.

Vamos a aprender a empanar. Consiste en rebozar algo en harina sazonada, huevo batido y pan rallado antes de cocinarlo. La clave es usar una mano para la harina y el pan rallado, y la otra para el huevo. ¡Así evitas empanarte los dedos!

1. Mezcla todas las especias y la sal. Después, añade la mitad de esta mezcla a la harina, y la otra mitad al pan rallado, y remueve.

2. Pon 3 boles en fila, uno con la harina, otro con el pan rallado y el tercero con el huevo batido. Saca también una fuente con papel para hornear encima.

3. Precalienta el horno a unos 170 °C con ventilador y coloca dentro una bandeja de hornear.

4. Corta el pescado en tiras de unos 3 cm de grosor y tan largas como el dedo de un chef adulto.

5. Con tu mano seca, palmea la harina por todo el palito de pescado y sacude el exceso. Luego, utiliza la mano de mojar para empaparlo bien en el huevo, y finalmente colócalo en el bol del pan rallado, procurando no tocar el pan.

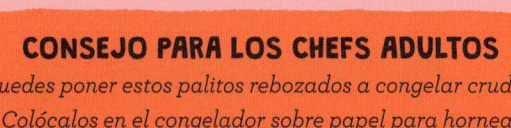

CONSEJO PARA LOS CHEFS ADULTOS

Puedes poner estos palitos rebozados a congelar crudos. Colócalos en el congelador sobre papel para hornear de manera que no se peguen entre ellos y, una vez congelados, puedes ponerlos todos juntos en una bolsa de zip. ¡El salmón dura hasta 4 meses, y puede cocinarse sin descongelar!

6. Vuelve a utilizar la mano seca para cubrir el pescado con el pan rallado. Por último, saca el palito rebozado y colócalo sobre el papel para hornear. Repite el proceso con el resto de las tiras.

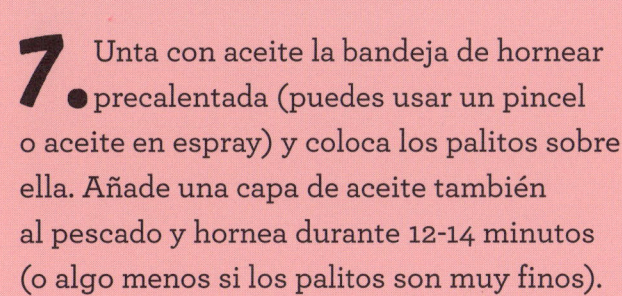

7. Unta con aceite la bandeja de hornear precalentada (puedes usar un pincel o aceite en espray) y coloca los palitos sobre ella. Añade una capa de aceite también al pescado y hornea durante 12-14 minutos (o algo menos si los palitos son muy finos).

Reto: la tienda del barrio

A menudo, la tienda del barrio es un sitio donde compras lo básico; sin embargo, también puedes encontrar varios tesoros escondidos, productos con los que preparar comidas deliciosas. Este reto se centra en el pescado enlatado, que, aunque puede resultar poco apetecible por su fuerte aroma, está realmente delicioso. Comienza por un par de latas de despensa antes de sumergirte en algo un poquito más arriesgado. ¿Con cuántas de estas recetas te atreves?

Relleno para tostadas

El pescado en lata va estupendamente con las tostadas. Tuesta el pan por uno de los lados, extiende el pescado por la cara sin tostar y vuelve a ponerlo en el grill un par de minutos. Deberás escurrir con anterioridad cualquier conserva en aceite o escabeche, pero si el pescado va en salsa (como de tomate), puedes machacarlo antes en un bol. Prueba añadir al relleno cebolleta o cebolla morada, pepino o berros, con un poco de zumo de limón y un chorrito de aceite de oliva.

Tortitas de pescado

Todo cuanto necesitas para esta receta es algo de salmón o cangrejo en lata, alguna sobra de puré (de patata, nabicol o apio nabo), hierbas picadas (eneldo o perejil), harina, un huevo, pan rallado y un pellizco de sal y pimienta. Mezcla todos los ingredientes y después amasa un puñado pequeño hasta formar una bola para hacer una tortita. Empánala (página 46), rocíala con aceite y hornéala o fríela.

Sopa de fideos

Las sopas de fideos al curry son perfectas para el pescado en lata. Sofríe un poco de pasta de curry en algo de aceite, añade leche de coco y cocina a fuego lento con caballa enlatada para obtener este plato rebosante de sabor. Unos escurridizos fideos de arroz van de maravilla con esta receta por su ligereza. Acompáñalo de una lima y unas pocas hojas de cilantro y, si tienes mucha hambre, puedes añadir medio huevo cocido.

Pasta al horno

No ganarás ningún premio con esta pasta al horno, pero es barata y fácil de hacer. Solo necesitas algo de pasta (las cortas irán mejor), queso (cualquiera que se derrita), una lata de atún, otra de maíz y una de crema de champiñones. También un poco de harina de maíz. Cocina la pasta hasta que esté casi hecha, escúrrela y ponla en un bol grande con el atún y el maíz. Si tienes una cebolla, pícala y añádela también. Luego echa la crema (la mezcla debería quedar cubierta, pero no encharcada). Por último, espolvorea una cucharadita de harina de maíz por encima y mezcla de nuevo. Vierte todo en una fuente, cúbrelo con el queso y hornéalo unos 25 minutos a 160 °C con ventilador, o a 180 °C sin él. La superficie debe quedar burbujeante y con los bordes tostados.

Biscotes con salmón cremoso

Mezcla un poco de salmón en lata escurrido con queso crema, zumo de limón, cebollino y pimienta, y luego extiende la mezcla sobre pan cracker o biscotes para hacer un aperitivo rápido.

Del campo

El mundo de la carne

Los animales de granja se domesticaron por primera vez alrededor del 13 000 a. C. Desde entonces, la población mundial ha crecido y, con ella, la demanda de carne, lo que ha generado un gran impacto en el medio ambiente. Hoy sabemos mucho más sobre nutrición y sobre cómo equilibrar nuestra dieta. Si comes carne, busca productos de ganaderías ecológicas que se hayan criado de manera sostenible. De este modo puedes contribuir a la disminución de la huella de carbono.

Carnes rojas

Se caracterizan por su color carmín cuando están crudas y pardo cuando están cocinadas. La ternera, el cordero, la oveja y el cerdo son carnes rojas.

La carne porcina se obtiene del **cerdo**. Algunas razas de cerdo, como el peludo cerdo mangalica, se están popularizando. Tienen más grasa y, por ende, más sabor que las razas tradicionales.

El **cordero** es la cría de la oveja. A medida que crecen, pasan a llamarse corderos pascuales, mientras que los adultos reciben el nombre de ovejas viejas o machorras.

La alimentación de la **ternera** afecta al sabor de la carne al consumirse. Por ejemplo, en algunos países se alimentan de cereales, mientras que la ternera de pasto se alimenta de forraje.

Aves

La carne de ave procede de las aves domésticas, como los pollos, patos, pavos y ocas.

La carne de ave más popular es la de **pollo** (páginas 54-55).

Los **pavos**, relucientes y broncíneos, son populares en Navidad y otras festividades.

El **pato** también es un ave grasa. Los muslos se aprovechan mejor en cocciones largas y lentas, mientras que la pechuga debe cocinarse poco hecha.

Las **ocas** son difíciles de encontrar fuera de la temporada navideña. Tienen mucha grasa y requieren una cocción cuidadosa para que la carne no quede seca.

Carne de caza

Aquellos animales que no son domésticos y que se cazan en su hábitat natural. Aquí se incluyen la perdiz, el pato silvestre, el urogallo, la codorniz y el venado.

La mayoría de la carne de caza es muy magra y precisa una cocción cuidadosa.

Formas de cocinar

El pollo es la carne de ave más popular del planeta. De hecho, hay más de 20 000 millones de pollos en el mundo... ¡Sobrepasan por mucho a la población humana! La carne de pollo, con su sabor y su textura suave, puede incorporarse a multitud de recetas y cocinarse de muchas formas.

Hay un montón de razas de pollo. Si te dispones a comprar uno y lo que te prima es el sabor, el bienestar animal y el impacto en el medio ambiente, la carne orgánica o los pollos de corral son la mejor opción.

Comprar pollo orgánico o de corral es más caro, ¡pero a un pollo entero se le saca mucho partido! Cada parte puede y debe usarse en multitud de preparaciones deliciosas.

También puedes comprar pollo que ya haya sido despiezado. Hay partes del pollo que son más populares en algunos lugares que en otros. Por ejemplo, en Estados Unidos y en Europa, la pechuga se cotiza mucho, pero en Asia y América del Sur, los muslos y contramuslos se consideran más apetecibles y sabrosos.

Pollo entero

Puede hacerse al horno, a la barbacoa, o en mariposa (abierto al centro y asado), pero también puede trocearse y estofarse al vino (con verdura y otros condimentos) o al curry.

¡SUPERCONSEJO!

Lávate las manos con agua caliente y jabón después de manipular pollo crudo, y asegúrate de lavar también cualquier superficie o utensilio que utilices. Algunos pollos contienen una bacteria que puede enfermarte si los comes crudos.

Muslos y contramuslos

Son las partes más grasas del pollo y tienen una carne más sustanciosa y sabrosa. Necesitan una cocción más larga para que queden tiernas. Los muslos y contramuslos pueden estofarse, asarse, freírse, hacerse a la barbacoa o en cocción lenta para guisos o pasteles.

el pollo

Alas

Gracias a su tamaño y a que tienen más piel que carne, las alas son muy versátiles a la hora de cocinarse. Una cocción a alta temperatura conseguirá una piel crujiente, mientras que si se cocinan en salsa quedarán tiernas y jugosas.

Pechuga

La pechuga tiene poca grasa, y por eso puede acabar pasándose de cocción. El pollo que se ha cocinado de más se queda seco y fibroso, ¡y no queremos eso! Eso sí, la carne debe quedar cocinada por completo, sin ninguna parte cruda. Este punto ideal se alcanza con rapidez en el caso de la pechuga, que puede emplearse en recetas de cocción rápida, (como un salteado), y además se puede freír o empanar.

¿SABÍAS QUE...?

Las gallinas sedosas están cubiertas de unas plumas blancas y mullidas que les dan un aspecto de peluches, pero en realidad tienen los huesos, la piel y los órganos de un intenso color negro. En la cocina china, sobre todo en la cantonesa, esta gallina se usa para hacer un caldo exquisito conocido por su doble cocción. Es una receta muy estimada por la habilidad que se requiere para hacerla.

Carcasa

Puede que no le veas mucho atractivo a una carcasa de pollo, pero es ideal para dar sabor a fantásticos caldos, sopas, consomés, guisos, y para añadir sabor a las salsas (página 57).

Pollo al ladrillo

**INGREDIENTES
PARA 4 RACIONES**

4 contramuslos de pollo
deshuesados con piel

**1 hoja grande de papel
para hornear**

2 ladrillos (o una sartén
grande y algunas
latas pesadas)

**1 sartén mediana
antiadherente o de
hierro fundido**

1 cucharada de aceite

Sal y pimienta al gusto

Para este plato, tendrás que colocar un ladrillo encima del pollo para aplastarlo. También puedes usar una sartén con latas dentro. ¡Cualquier cosa pesada te servirá! El pollo al ladrillo es la mejor forma de cocinar un pollo para obtener un interior jugoso y un exterior crujiente. Esta receta es tan flexible que podrás usarla de muchos modos diferentes. ¡Vamos a hacer que cruja!

Cosas que hacer con el pollo al ladrillo:

Ponlo dentro de un pan de hamburguesa, con mayonesa, mostaza y lechuga.

Cúbrelo con tomate de ensalada, pimiento asado y salsa paprika.

Trocéalo y échalo a una ensalada césar.

Rocíalo con salsa verde (¡la que gustes!).

Ponlo sobre una cremosa salsa de estragón.

Salpícalo con yogur y harissa, y sírvelo con cuscús de verduras.

1. Vierte el aceite en la sartén antiadherente y añade los cuartos de pollo, empapando la piel de manera uniforme mientras esté fría. Después, lávate bien las manos y espolvorea la sal y la pimienta.

2. Coloca un papel de horno sobre los cuartos de pollo y pon encima los ladrillos (o la sartén con el peso).

3. Enciende el horno y deja que la sartén se caliente muuuuuuy despacio. Cuando comiences a oír que chisporrotea, enciende el horno a temperatura media. Pídele a un chef adulto que vigile el pollo usando unas pinzas de cocina hasta que tenga un color dorado por el exterior (15 minutos aprox.).

4. Cuando la piel haya adquirido un profundo color tostado, pídele al adulto que dé la vuelta a los muslos, colocando el papel de cocina por encima, y hornea un minuto más. ¡Mantente lejos, el aceite caliente puede saltar!

Pho ga

INGREDIENTES
PARA 4 RACIONES

Una carcasa de pollo

500 g de muslos
 o pechuga de pollo

½ **cebolla** sin pelar

Un trozo de jengibre con piel,
 cortado en trozos grandes y largos

Dientes de ajo

2 anises estrellados

2 clavos

1 cucharadita de hinojo en grano

1 cucharadita de cilantro en grano

Un chorrito de salsa de pescado

1 ramita de canela

Fideos de arroz planos

Un pellizco de azúcar

1 lima

**Cilantro, albahaca
 tailandesa y brotes
 de soja** para servirse
 al gusto

Cuando hayas asado un pollo y lo hayas acabado (si no todo, casi todo), guarda la carcasa. Puede que no tenga un aspecto muy apetitoso, pero sirve de una deliciosa base para hacer muchos platos. Por ejemplo, puedes usarla para hacer esta famosa sopa de fideos vietnamita: el pho ga. ¡Es una de las comidas más reconfortantes y deliciosas del mundo! En Vietnam, mucha gente lo toma para desayunar, pero es perfecto para cualquier momento del día.

1. Con la ayuda de un chef adulto, tuesta la cebolla, el ajo y el jengibre en una parrilla, dándoles la vuelta con frecuencia con unas pinzas de cocina hasta que se hagan por cada lado.

2. Échalo todo a la olla junto con la carcasa de pollo.

3. Añade los dos anises estrellados, los dos clavos, los granos de hinojo y cilantro y la rama de canela.

4. Echa agua hasta cubrir el pollo, pon la olla al fuego y calienta hasta que esté a punto de hervir. Cuando veas las burbujas, baja el fuego al mínimo y pon la tapa. ¡Deberás dejarlo así durante horas! Mientras, haz los deberes, ve una película… Lo que te apetezca. Después de 3 horas, tendrás un caldo delicioso.

5. Deja que se enfríe y, con la ayuda de un chef adulto, cuela el caldo para quitar los huesos y las especias.

6. Para hacer el pho ga, trocea las pechugas o los muslos de pollo, échalos al caldo y cocínalos a fuego lento.

7. Pon los fideos ya cocidos en un bol y condiméntalos con la salsa de pescado, el azúcar y el zumo de lima.

8. Deja que el caldo cueza hasta que hierva y viértelo sobre los fideos. Sírvelos con las hierbas aromáticas para que todos puedan condimentar a su gusto.

Pollo al curry

INGREDIENTES
PARA 4 RACIONES

2 pechugas de pollo (de 300 g cada una)

1 cebolla blanca grande, cortada en dados pequeños

3 dientes de ajo picados

1 trozo de 5 cm de jengibre, pelado y picado

1 cayena verde cortada en aros (¡si te atreves!)

1 lata de tomates de pera enteros

200 ml de crema de coco

1 cucharada sopera de tomate concentrado

1 cucharada sopera de comino en grano

2 cucharadas soperas de cilantro molido

2 cucharaditas de cúrcuma

½ cucharadita de canela en polvo

Sal

1 cucharada sopera de garam masala

1 cucharada sopera de aceite para cocinar

1 cucharada sopera de mantequilla

Un puñado de hojas de cilantro

Arroz a tu gusto

¡Especiado, sabroso y picante! El pollo al curry es suculento, delicioso y está lleno de sabor, incluso si se cocina en poco tiempo. Muchas recetas utilizan pollo sin deshuesar, pero puede ser complicado de comer... ¡sobre todo cuando ya está cubierto de salsa! En esta receta, usaremos pechuga de pollo y un montón de especias. Cada una tiene su propio sabor, así que asegúrate de olerlas bien antes de añadirlas.

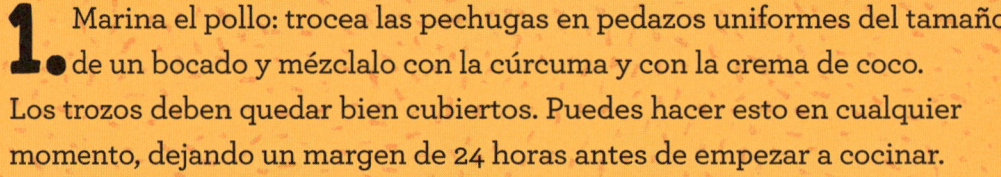

1. Marina el pollo: trocea las pechugas en pedazos uniformes del tamaño de un bocado y mézclalo con la cúrcuma y con la crema de coco. Los trozos deben quedar bien cubiertos. Puedes hacer esto en cualquier momento, dejando un margen de 24 horas antes de empezar a cocinar.

2. Pon el aceite en una sartén grande y calienta a fuego medio. Cuando el aceite esté listo, añade la cebolla y el comino en grano, y fríelo a fuego muy lento durante unos 15 minutos, hasta que tengan un intenso tono tostado, ¡pero sin que se quemen!

3. Añade el jengibre, el ajo y la cayena (si vas a usarla) y remuévelos en la sartén hasta que desprendan un olor fragante y delicioso.

4. Después, añade el cilantro molido, la canela y la mantequilla, y deja que se hagan durante un par de minutos, sin dejar de remover. ¡Disfruta de estos aromas!

5. Echa los tomates en un bol grande y espachúrralos con las manos hasta que se hayan deshecho por completo. Luego, añádelos a la sartén junto con el concentrado de tomate, remueve bien y echa la sal. Deja esta mezcla reducir a fuego lento durante 10 a 15 minutos hasta que tengas un espeso masala (salsa especiada), pero sin que se pegue al fondo de la sartén.

6. Añade el pollo marinado al masala y remuévelo hasta que todo quede mezclado de manera uniforme.

7. Ahora es un buen momento para poner el arroz a cocer. Cocínalo siguiendo las instrucciones del paquete.

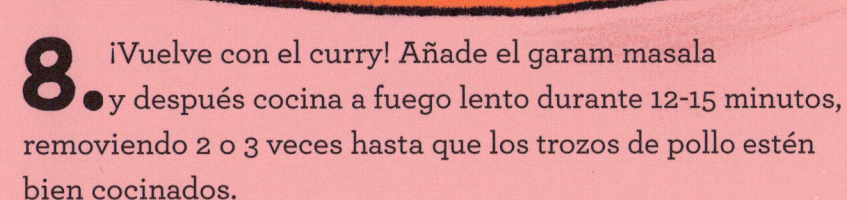

8. ¡Vuelve con el curry! Añade el garam masala y después cocina a fuego lento durante 12-15 minutos, removiendo 2 o 3 veces hasta que los trozos de pollo estén bien cocinados.

9. Decora con el cilantro y sirve junto al arroz. Como guarnición, una ensalada de pepino y tomate con una rodaja de limón es un acompañamiento ideal.

Reto: brochetas de carne

Las brochetas de carne se cocinan por todo el mundo, desde el kebab hasta el satay. Las diferencias se dan en las especias, en los condimentos y en la carne, pero el método de cocción es generalmente el mismo: una llama ardiente que da a la carne un rico sabor ahumado. La carne puede estar marinada, rebozada en especias o untada en salsa... ¡A menudo se mezclan las tres! Es fascinante que las diferentes hierbas y especias sobre una proteína como la carne puedan transportarte de un país a otro. ¿Con cuántas de estas brochetas te atreves?

Suya (oeste de África)

La ternera, el cordero y el pollo se marinan con una compleja mezcla de especias llamada yaji, y se sirven con otra adicional para untar.

Yakitori (Japón)

Trozos de pollo braseados y glaseados con tare (una mezcla de salsa de soja, mirin, sake y azúcar).

Satay (sudeste de Asia)

El pollo, cerdo, cordero o ternera (depende la región) se marinan con citronela, azúcar, ajo, cilantro, comino, cúrcuma, galanga o chalota.

Moo Ping (Tailandia)

Cerdo marinado con ajo, salsa de pescado, azúcar, pimienta en grano y leche de coco.

Sosaties (Sudáfrica)

Pollo, cordero u oveja marinados con una salsa de chile agridulce, limón y hierbas aromáticas, o con un sofrito de cebolla, chile, ajo, hojas de curry y zumo de tamarindo. En el pincho, la carne va con albaricoques o ciruelas pasas.

Pinchos al estilo de Xinjiang (China)

Habitualmente hechos de carne de cordero con tocino o riñones, pero también pueden ser de pescado. La mezcla de especias lleva cayena molida, comino, sal y pimienta de Sichuan.

Adana (Turquía)

Se mezcla carne de cordero picada con cayena picada, ajo, perejil, canela, hinojo, fenogreco, comino y cilantro en grano.

Souvlavi (Grecia)

Se hacen con pollo o cerdo y ajo, orégano, limón, aceite de oliva y pimentón dulce.

Grillfackeln (Alemania)

Conocidos también como «candelas a la brasa», se hacen con panceta de cerdo, curry en polvo, ajo y pimentón, y se sirven con cebolla frita y una crema agria para mojar.

Lácteos
y
huevos

Todo sobre los lácteos...

«Lácteo» es el nombre que se le da a cualquier producto que contenga leche de mamífero, ¡y hay muchos animales que producen leche! Lo habitual es que pensemos en vacas, cabras y ovejas... Pero la leche de yegua, reno y hasta de camella también se consume. La leche, dependiendo del animal del que proceda y de su cantidad de grasa, puede emplearse para hacer productos lácteos como el yogur, el queso o la mantequilla.

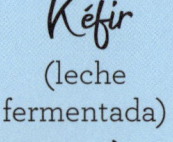

Kéfir
(leche fermentada)

Nata
(leche grasa)

Queso
(leche curada)

Suero
(un subproducto de la mantequilla)

Mantequilla
(grasa sólida)

Yogur
(leche fermentada espesa)

Cómo hacer mantequilla

Para hacer mantequilla, solo necesitas nata y agitar y remover sin parar para separar la grasa de la leche. También necesitarás un tarro con una tapa que ajuste bien... ¡y un montón de energía! Comienza sacudiendo 500 ml de nata para montar. Continúa hasta que veas que la grasa se ha separado de la leche (¡o hasta que tus brazos no puedan más!). Vierte el líquido restante (el suero) en un bol aparte, haz una bola con la grasa y ponla en un cuenco grande de metal. Presiona y estruja para que quede lo más unida posible y vierte agua muy fría sobre ella. Repite el proceso: sigue presionando y enjuagando hasta que el agua salga clara... ¡y ya tendrías lista tu mantequilla!

... ¡Y los huevos!

Hay un montón de animales que ponen huevos, incluyendo los peces, los reptiles y las aves. Una gran variedad está destinada para el consumo humano, desde el diminuto caviar hasta los enormes huevos de avestruz. En este capítulo nos vamos a sumergir en las distintas formas de cocinar los huevos.

¡El caviar son las huevas más caras!

El caviar rojo se suele comer crudo o en salazón. Algunos tipos son muy populares para hacer sushi.

Caviar rojo

Gallina

Pavo

Caviar

¡Los dedos pequeños son perfectos para pelar los diminutos huevos de codorniz!

Codorniz

Los huevos de gallina pueden emplearse de muchas formas (páginas 66-67).

Los huevos de pavo son bastante raros, principalmente porque solo ponen dos a la semana. ¡Las gallinas triplican esa cantidad!

Oca

¡Los huevos de oca son tan grandes que pueden cubrir tu mano por completo!

Pato

Avestruz

Los huevos de pato tienen la cáscara de un precioso color azul pálido.

Emú

Los huevos de avestruz son los más grandes y duros. Pero su cáscara tiene un grosor de un par de milímetros... ¡Puede que necesites un taladro para abrirlos!

No es fácil encontrar un huevo de emú, pero si lo logras, te impresionará su color azul verdoso.

Formas de cocinar

¡Los huevos son mágicos! Tienen infinitos usos, tanto en recetas dulces como en saladas. El huevo entero, la clara y la yema tienen propiedades diferentes, ¡tantas que jamás tendrás que derrochar ninguna de sus partes! Las claras de huevo se congelan muy bien y las yemas pueden mantenerse dos días en el frigorífico, cubiertas con agua para que no se sequen.

Claras

También se conocen como albumen, y son un ingrediente que sirve como una ligazón superligera. Puedes utilizar las claras para hacer merengue, pavlovas, mostachones, macarons, mousse, suflés, nubes, sorbete, semifrío (un postre italiano medio congelado), o para marinar carne, técnica china que se conoce como «aterciopelar». ¡Una pasada!

Yemas

Con las yemas puedes hacer natillas, pasta, crema de frutas, pan de huevo y salsas como la carbonara, la bearnesa, la holandesa o la mayonesa. También pueden cocerse, rallarse o curarse.

Cáscaras de huevo

Las cáscaras de huevo son un excelente alimento para los pájaros. Lava las cáscaras y hornéalas a 120 °C con ventilador hasta que estén secas y se deshagan. Después, machácalas y ponlas fuera para los animalillos.

¡SUPERCONSEJO!

No todos los huevos tienen la cáscara igual de dura. Por eso, la mejor manera de cascar un huevo es golpeando uno contra otro: ¡así solo se romperá uno!

el huevo

¡Los huevos son muy delicados! Se romperán si se caen, se golpean o se espachurran, así que debes manejarlos con mucho cuidado. Como curiosidad, los huevos tienen menos posibilidades de romperse si los dejas caer sobre su parte más puntiaguda. ¿Sabías que dejar caer huevos sin que se rompan es una especie de hobby? En 1994, el experto huevero David Donoghue dejó caer un huevo sobre un campo de golf desde un helicóptero y no se rompió. Aun así, ¡mejor no intentéis hacer esto! Los huevos pueden utilizarse en infinidad de platos.

Sopa de huevo

Frittata

Tortilla

Huevo frito

Huevos encurtidos

Avgolemono
(sopa griega de pollo con limón, espesada con huevo)

Huevos revueltos

Tortilla francesa

Huevo poché

Huevo pasado por agua

Bizcocho

Hojaldre

Menemen

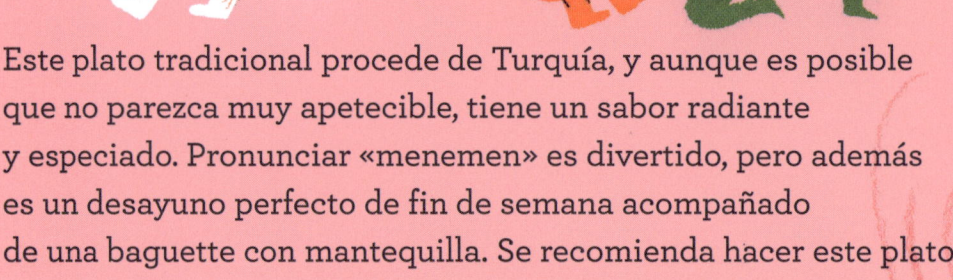

**INGREDIENTES
PARA 3 RACIONES**

5 huevos

1 cucharada sopera
de aceite de oliva

2 tomates grandes
maduros en dados

1 pimiento morrón verde
o 2 pimientos verdes italianos

1 cebolla pequeña,
pelada y en dados

1 pellizco de cayena molida

1 cucharadita
de pimentón dulce

1 cucharadita
de comino molido

1 pellizco grande
de tomillo seco

1 pellizco grande parecido
de orégano seco

1 puñado pequeño de perejil
de hoja lisa troceado

1 pellizco de sal

Este plato tradicional procede de Turquía, y aunque es posible que no parezca muy apetecible, tiene un sabor radiante y especiado. Pronunciar «menemen» es divertido, pero además es un desayuno perfecto de fin de semana acompañado de una baguette con mantequilla. Se recomienda hacer este plato en pleno verano, cuando los tomates están maduros y jugosos.

1. Calienta el aceite en una sartén mediana. Sofríe la cebolla con cuidado durante unos 5 minutos hasta que esté blanda.

2. Añade el pimiento verde y cocínalo hasta que se ablande. Después echa la cayena (si vas a usarla), el pimentón, el comino, el tomillo y el orégano secos y la sal.

3. Añade los tomates. Cocina a fuego medio unos 5 minutos, removiendo de vez en cuando. Queremos que se evapore parte del jugo del tomate, pero no tanto como para que se pegue a la sartén.

4. Aparta la sartén del fuego y casca los huevos directamente en ella. Después, vuelve a poner la sartén a fuego bajo y mezcla todo bien.

5. Remueve despacio. Deja que los huevos empiecen a cuajarse y entonces remueve otra vez. Haz esto hasta que estén cremosos (sin que lleguen a estar sólidos ni desmenuzados).

6. Pon el perejil por encima. ¡Moja el pan al estilo turco, cogiendo un buen montón de menemen!

Natillas

INGREDIENTES

300 ml de leche entera

200 ml de nata
  para montar

55 g de azúcar extrafino

1 cucharadita
  de pasta de vainilla
  o ½ vaina de vainilla

3 yemas grandes

¡SUPERCONSEJO!

Si añades azúcar a la mezcla de leche y nata, evitarás que se forme una película quemada en el fondo de la sartén.

Hacer tus propias natillas es una forma magnífica de observar la ciencia que hay detrás de la cocción de un huevo. No le quites los ojos de encima: como te despistes o dejes de batir, puede que te acabe saliendo un pegajoso revuelto con leche. ¡No parece muy apetitoso! Pero, una vez que hayas aprendido a hacer natillas (¡y aprenderás!), no solo vas a revolucionar tu mundo de la repostería, sino que también tendrás una base de helado increíble. ¡A remover!

1. Pon la leche y la nata en una sartén mediana. Después, añade la mitad del azúcar y calienta a fuego medio.

2. Pon el resto del azúcar en un bol y añade las yemas. ¡Empieza a batir con energía hasta que el azúcar se disuelva!

3. Puede que necesites que te echen una mano con este paso. Cuando la mezcla de leche y nata esté a punto de romper a hervir (cuando salgan burbujitas), vierte la mitad sobre las yemas y bate sin parar para que no se cuajen.

4. Vuelve a echar en la sartén la mezcla con las yemas y, con una cuchara de madera, remueve despacio mientras la mezcla se calienta de nuevo. Esto puede tardar un rato, de modo que no tengas prisa. Queremos que alcance 80 °C, así que usa un termómetro de cocina para obtener la temperatura exacta.

5. Retira del fuego, vierte en una jarra y, si no vas a usarlas inmediatamente, deja enfriar y cubre con papel film. Para volver a calentarlas, coloca la jarra sobre una sartén con agua caliente y remueve bien con una cuchara. Hazlo despacio para evitar que las natillas se pasen de cocción.

¡OTRO CONSEJO!

¿Un truco para saber cuándo están listas las natillas? Muy fácil: haz un círculo con una cuchara de madera, y si el dibujo permanece... ¡tus natillas ya tienen el espesor perfecto!

Quiche

**INGREDIENTES
PARA 4 RACIONES**

1 masa quebrada
  lista para usar

3 huevos

125 ml de leche entera

125 ml de nata para montar

1 molde de 25 cm de diámetro

El relleno que prefieras

1 pellizco de sal y de pimienta

El volumen

El volumen es muy importante para conseguir una buena quiche. El truco está en usar una porción de huevo por cada dos porciones de lácteo líquido (en volumen, no en peso). Para el lácteo, mezcla nata para montar y leche entera (mitad de cada). Después, casca un huevo en un bol intentando que la cáscara se rompa por la mitad y enjuaga la que haya quedado menos rota con agua. Luego, echa la nata y la leche en una jarra medidora. Utiliza la cáscara lavada como medidor añadiendo dos porciones de la mezcla láctea por cada huevo que eches en el bol. Repite este proceso con los tres huevos, para llenar un molde de 25 cm de diámetro. ¡Y así consigues una proporción 1:2 en volumen perfecta!

Simplificando mucho, una quiche es un pastel de huevo: una crema sabrosa con una base de masa quebrada. Si eres capaz de lograr la consistencia adecuada, que sea ligera y a la vez sedosa, tendrás una receta muy versátil bajo la manga. ¿Temporada de espárragos? ¡Una quiche! ¿Nos vamos de pícnic? ¡Una quiche! ¿Vas a hacer una comida con los abuelos? ¡Una quiche! ¿Ha sobrado asado de Navidad? ¡Una quiche Lorraine!

1. Precalienta el horno a 160 °C con ventilador.

2. Pasa el rodillo por la masa quebrada hasta que tenga un grosor de unos 2 cm y colócala en el molde de forma que cubra los bordes.

3. Empuja la masa hasta el fondo de manera que cubra todo el molde y pliégala sobre los bordes. Haz esto por todo el recipiente. Recorta el sobrante, pero asegúrate de que queda un poco de masa que cuelgue: ¡encogerá una vez esté hecha!

¡Rellena tu quiche!

Cualquier ingrediente que quieras ponerle de relleno debe estar ya cocinado, aunque algunas verduras pueden añadirse crudas por encima, como las puntas de espárrago. Aquí tienes algunas ricas combinaciones para que las pruebes (¡el queso siempre va bien!).

**Cebolla, beicon, tomillo y cheddar
(la clásica quiche Lorraine).**

Salmón ahumado, espárragos y queso de untar con ajo.

Tomate, perejil y pimientos rojos asados.

Boniato, queso feta y cebolla caramelizada.

Champiñones y estragón.

Queso de cabra y cebolla morada.

4. Cubre la masa con papel para hornear y coloca encima alguna legumbre seca para que la base se mantenga plana.

5. Hornea a 160 °C con ventilador durante 12-18 minutos. Mira de tanto en tanto y, cuando tenga un suave color dorado, sácala del horno.

6. Déjala enfriar y luego retira las legumbres. Después, extiende el relleno que tengas por toda la base y, tras colocar el molde en la bandeja del horno, vierte la crema por encima con mucho cuidado. ¡Sigue este orden para evitar que se te derrame la crema! Desliza la bandeja dentro del horno con todo el cuidado que puedas.

7. Hornea durante 40 minutos, hasta que el centro de la quiche baile ligeramente cuando la muevas un poco.

8. Retira la quiche del horno y deja que se enfríe por completo antes de sacarla del molde. ¡Recuerda que tiene que estar completamente fría!

Reto:
sándwich de queso fundido

Antes de derretirte con esta estupenda lista de quesos fundentes y chorreantes, vamos a repasar primero cómo hacer un sándwich de queso fundido. Pan, queso ¡y calor para tostarlo!

¡También puedes añadir encurtidos y chutneys al sándwich de queso! Estas verduras ácidas se oponen a la riqueza del queso de forma maravillosa. Aprovecha para poner tus propias verduras encurtidas (páginas 36-37). No hace falta un aparato específico para hacer estos sándwiches. ¡Todo lo que necesitas es una sartén antiadherente, otra para hacer peso, y papel de hornear!

PAN

QUESO

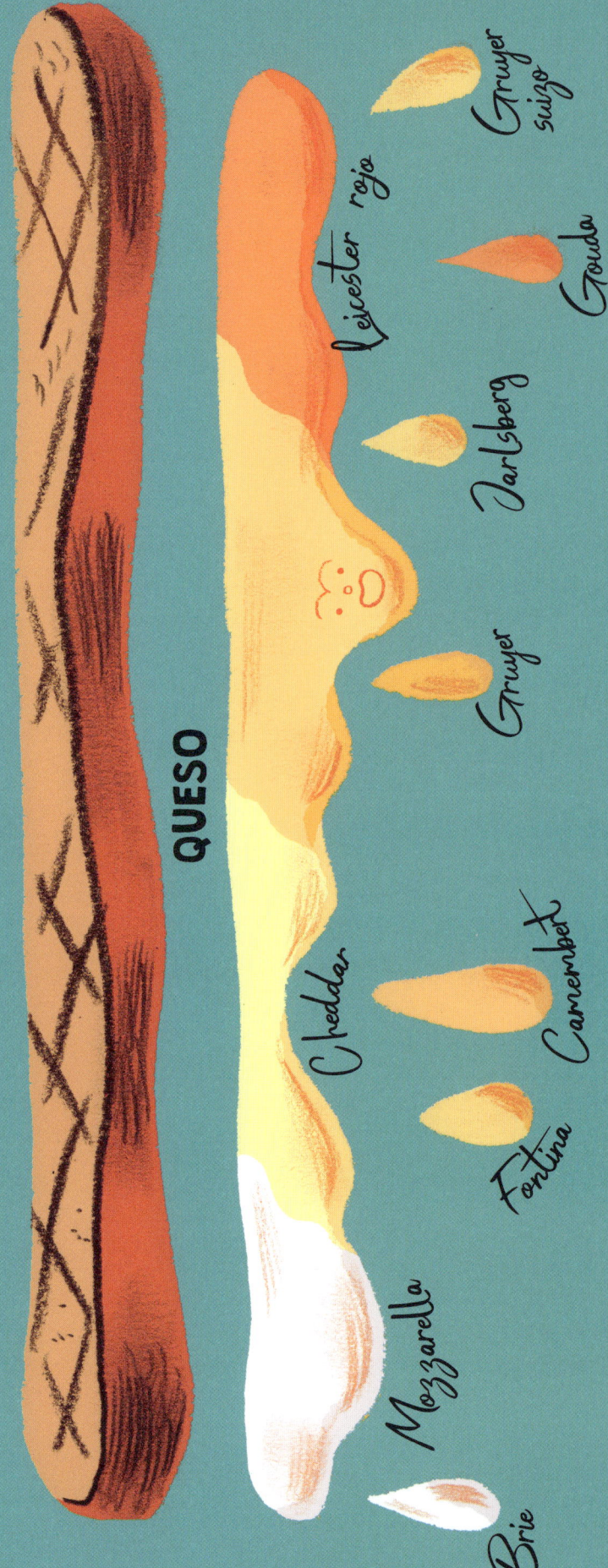

Gruyer suizo

Leicester rojo

Gouda

Jarlsberg

Gruyer

Cheddar

Camembert

Fortina

Mozzarella

Brie

HORTALIZAS

Pimiento rojo asada

Brotes tiernos de espinaca

Alcaparra

Cebolla morada

Cebolleta

Tomate en rebanada

ENCURTIDOS Y CHUTNEYS

Mermelada de higo

Piccalilli.

Encurtido agridulce

Carne de membrillo

Chucrut

EXTRAS

Embutido

Ternera asada

Col kimchi

Pastrami

Mostaza

PAN

Alubias con tomate

Pasta,
y pasta

noodles rellena

El mundo de la pasta y los noodles

¿Qué llegó primero, la pasta o los noodles? Aunque China e Italia se disputan el título, no hay un ganador claro. No obstante, en Lajia, al noreste de China, se ha descubierto un cuenco de fideos de hace 4000 años, convirtiéndose en la evidencia más antigua de fideos que se ha encontrado hasta ahora. ¿Son estos fideos el antecedente de los noodles asiáticos, o de la pasta italiana? ¡No se sabe!

PASTA

Aquí no están todos los tipos de pasta que existen, solo algunas de las formas más habituales. Cada una tiene una salsa preferente: las pastas cortas y las huecas van bien con salsas contundentes, mientras que las más alargadas son estupendas para comerlas con salsas más suaves.

Capellini

Penne

Fusilli

Orzo

Linguine

Casarecce

Espaguetis

Pappardelle

Orecchiette

Garganelli

Mafaldine

Conchiglie

Tagliatelle

Bucatini

Paccheri

Trofie

Rigatoni

Macaroni

Farfalle

De arroz

Se utilizan a menudo para hacer sopas, como el pho ga (página 57).

De trigo sarraceno

Los fideos soba nos saludan desde Japón. ¡No tienen gluten!

De trigo

Los fideos jjolmyeon son gruesos, chiclosos y pueden comerse fríos.

De almidón

Para los fideos de celofán (o de cristal) se usa almidón de judía mungo, patata, boniato o tapioca.

Al huevo y alcalinos

No todos llevan huevo: algunos fideos chinos se llaman «fideos de huevo» solo por el color amarillento que se obtiene al emplear ingredientes alcalinos para su elasticidad.

NOODLES

Los noodles se pueden definir como cualquier fideo largo hecho de casi cualquier almidón que se cocina hervido, salteado, frito o al vapor. El tipo de almidón que se use y la salsa en la que se cocinen marcan la diferencia entre noodles y pasta (aunque, en Estados Unidos, la gente llama noodles a la pasta con forma de espagueti).

Pasta rellena

Hay una amplia variedad de pastas rellenas procedentes de todas partes del mundo. El xiao long bao es una famosa empanadilla china que está hecha al vapor y lleva sopa dentro... ¡Increíble! Desde los hogares judíos dándose un festín de kreplach durante las cenas tradicionales de los viernes, hasta los ucranianos celebrando el verano con los vareniki de cereza amarga... Es más, ¡seguro que ahora mismo hay alguien en el mundo comiéndose algún plato de pasta rellena!

Tortelloni

Dumpling inglés

Ravioli

Sémola, patata, manteca y más

¡Dale forma y rellena! Los dumplings tal vez podrían ser la pasta rellena de nivel principiante, por lo sencillo que es manejar la masa.

A la italiana

Vas a tener que ejercitar un poco más la muñeca para obtener una masa fina y buena: sin duda, deja el ejercicio para los domingos... ¡Esta pasta rellena italiana puede llevarte un rato!

Wanton

Coxinha

Tangyuan
(unas bolas dulces y coloridas)

Yomari
(¡parece un pez!)

Dumpligs fritos jamaicanos

Masas de trigo

Se hacen con harina de trigo y agua,
que se amasa y se dobla. A veces se añade
sal o grasa, pero no es necesario.

Masas de arroz
y tapioca

Son muy difíciles de hacer. Las medidas
deben ser exactas, y tienen tendencia
a despedazarse porque carecen de gluten.
¡Hazlas cuando te hayas convertido
en un profesional de las pastas rellenas!

Pasta en cacerola

**INGREDIENTES
PARA 3 RACIONES**

300 g de espaguetis secos

250 g de tomates cherry,
  partidos a la mitad

1 calabacín cortado
  a lo largo y en trozos
  de unos 3 cm de grosor
  (6 trozos de cada corte)

Ralladura de 1 limón

3 dientes de ajo,
  pelados y picados

1 cucharadita de sal

1 chorro de aceite de oliva

1 cucharada sopera
  y media de mascarpone
  o queso crema

1 puñado de hojas de perejil

Queso parmesano al gusto

Esta receta de espaguetis es un auténtico salvavidas cuando quieres un plato rápido y suculento... ¡pero ya has dejado la cocina hecha un desastre demasiadas veces! Ha llegado la hora de recurrir a los buenos libros de recetas para chefs adultos. Lo único que necesitas (y que tendrás que fregar luego) es una sartén lo bastante grande como para que quepan los espaguetis enteros, una tabla de cortar, un cuchillo y un hervidor.

1. Coloca los espaguetis en el centro de la sartén. Añade el calabacín y los tomates a ambos lados. Echa la ralladura de limón por encima y después añade la sal y el ajo.

2. Echa un chorro de aceite de oliva (¡al más puro estilo chef italiano!).

3. Pide a un adulto que ponga a hervir 750 ml de agua en el hervidor y que la vierta con cuidado sobre la pasta. Pon el fuego al máximo y deja que hierva. Después, baja a fuego medio (que hierva despacio, pero con alegría).

4. Utiliza unas pinzas de cocina para dar la vuelta a los espaguetis cada 30 segundos.

5. Después de unos 6 o 7 minutos sin dejar de darles la vuelta, la pasta ya debería estar cocida por completo.

6. Baja a fuego lento y añade el mascarpone o el queso crema para que se funda. Después, añade la mitad del perejil y remueve.

7. ¡Hora de servir! Usa las pinzas para sacar los espaguetis y colócalos con cuidado en el plato. Añade los deliciosos trozos de calabacín y la salsa. Decora con el resto del perejil y espolvorea con parmesano y pimienta negra.

Noodles con cacahuete y sésamo

INGREDIENTES PARA 2 RACIONES

200 g de noodles secos

1 cucharada sopera de aceite de sésamo tostado

1 diente de ajo grande picado

2 cucharadas soperas de tahini (pasta de sésamo)

1 cucharada sopera de mantequilla de cacahuete (la que quieras)

1 cucharada sopera de agua caliente

1 cucharada sopera de salsa de soja suave

½ cucharada sopera de vinagre negro balsámico chino

½ pepino pelado y en juliana

1 zanahoria pelada y en juliana

1 puñado de cualquier verdura crujiente (como la col) **picada finamente**

1 cebolleta picada finamente

Estos noodles de sésamo y cacahuete son deliciosos y muy rápidos de hacer. Perfectos para una comida veraniega, una cena rápida o para llevar de pícnic, estos noodles también son una manera estupenda de aprovechar las sobras. Puedes cocinar cualquier noodle de trigo o de huevo: funcionarán de maravilla en esta receta (si no encuentras noodles chinos, prueba a usar linguine). Lo ideal para esta receta es buscar algún ingrediente crujiente que contraste con los noodles.

1. Cuece los noodles en agua siguiendo las instrucciones del paquete. Escúrrelos y remuévelos junto al aceite de sésamo para que no se peguen.

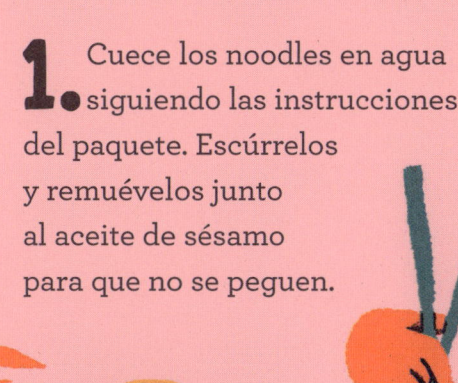

2. Mezcla el tahini con la mantequilla de cacahuete, la salsa de soja suave, el vinagre y el ajo. Si está demasiado espeso para mezclarlo, añade el agua caliente a la vez que remueves para ayudarte y obtener una consistencia más suave. Finalmente, adereza los noodles con esta salsa en un bol grande.

¡SUPERCONSEJO!

Mantén el tahini en la nevera para que la pasta y el aceite no se separen; si no, tendrás que volver a tirar de muñeca para juntarlos de nuevo.

3. Cuando los noodles se hayan enfriado, añade la verdura crujiente, y a servir.

Empanadillas al estilo pekinés con salsa para mojar

INGREDIENTES PARA 24-30 EMPANADILLAS

Para la masa

250 g de harina de trigo

130 ml de agua

Estas empanadillas son muy fáciles de hacer, ¡aunque necesitarás practicar para perfeccionar tu técnica! Puedes divertirte con la masa, pero es importante que las empanadillas queden bien selladas. Pasa alguna tarde lluviosa en casa practicando con ellas. ¡En poco tiempo, serás capaz de hacer tantas como quieras!

1. Mezcla poco a poco el agua con la harina en un bol hasta que esté bien disuelta. Amasa con las manos hasta hacer una bola y cubre el bol con un trapo de cocina limpio durante 15 minutos para dejar que el gluten se rebaje.

2. Amasa de nuevo hasta que la masa tenga un aspecto uniforme, vuelve a ponerla en el bol y tápala otra vez con el trapo, pero esta vez durante 1 hora.

3. Ahora la masa debería ser tan suave como una pluma. Amásala hasta obtener la forma de una salchicha gruesa y córtala en cuatro partes iguales. Tapa tres de ellas con un paño y empieza a trabajar con la cuarta, troceándola en seis trozos. Aplasta cada trozo con la mano sobre una superficie ligeramente enharinada y después pasa un rodillo para conseguir un pequeño redondel.

Para el relleno

200 g de carne de cerdo picada (con al menos un 20% de grasa)

3 cebolletas picadas

1 cucharadita de jengibre picado, remojado en 1 cucharada sopera de agua

1 pellizco grande de sal

1 cucharadita de salsa de soja suave

½ cucharadita de aceite de sésamo

1 cucharadita de salsa de ostras

1. Mezcla todos los ingredientes con un tenedor o con palillos.

2. Remueve bien hasta que todo esté integrado.

3. Mantenlo en la nevera hasta que vayas a usarlo.

CONSEJO PARA LOS CHEFS ADULTOS
Pídele al carnicero un 60% de magro de cerdo mezclado con un 40% de panceta, si es posible.

4. ¡Ya tienes la oblea para las empanadillas! Pon una cucharada de relleno en el centro mientras la sostienes en la palma de la mano. Dóblala uniendo los bordes y apriétalos para sellarla.

5. Para cocinarlas, sumerge las empanadillas en una olla grande con agua hirviendo. Cuécelas durante 4-5 minutos y después utiliza un cucharón para sacarlas. Ponlas en un colador, dejando que se escurran bien.

Para la salsa

1 cucharada sopera de salsa de soja suave

3 cm de jengibre pelado y en juliana

1 cucharada sopera de vinagre negro chino (si necesitas sustituirlo, utiliza 1 cucharadita de vinagre de vino tinto y 1 cucharadita de vinagre balsámico)

½ cucharadita de azúcar

Aceite de chile (opcional)

1. Mezcla todos los ingredientes y sirve junto a las empanadillas para mojar.

Reto: haz noodles

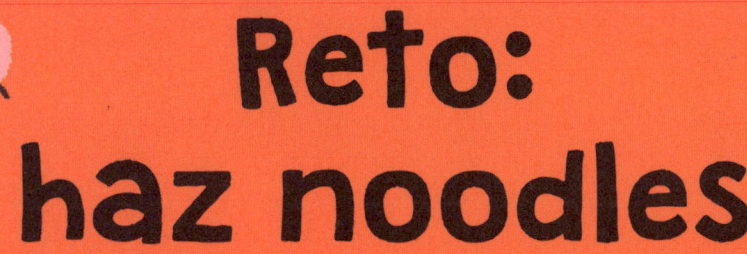

300 g de harina blanca panificable de fuerza (que tenga entre un 11% y un 14% de gluten)

¼ de cucharadita de sal

153 g de agua (¡pesar el agua es más rápido que usar una jarra medidora!)

Hacer tus propios noodles puede parecer un reto, pero en realidad todo lo que necesitas es harina, agua, paciencia y algo de maña. Lo bonito de los noodles es que no tienen que ser perfectos: ¡no importa si quedan un poquito desiguales! Así la salsa se absorberá con más facilidad.

1. Pon la harina y la sal en un bol grande. Vierte en él la mitad del agua y mezcla con una cuchara de madera. Te quedará una masa grumosa.

2. Añade el resto del agua y sigue mezclando. Luego, amasa con las manos hasta formar una bola. Aún tendrá algunos grumos, ¡pero no añadas más agua!

3. Vierte la masa sobre la encimera y sigue amasando con todas tus ganas. Tendrás que hacer esto durante 15 minutos, así que... ¡entretente mientras!: escucha música, baila... También puedes turnarte con alguien para descansar.

Hablemos del gluten

El gluten es una proteína que se encuentra en la harina de trigo y hace que las cosas sean elásticas. Por ejemplo, no nos interesa que un pastel de migajas tenga gluten, así que, cuando usamos la harina para hacer la masa, la dejamos reposar sin removerla mucho. Y es que el gluten se activa amasando: estimula la masa y se hace más resistente. Para los noodles, esta proteína es necesaria para que sean robustos y no se rompan, y así poder estirarlos, removerlos o sorberlos. Aun así, es necesario dejarlo reposar para mejorar la textura y para que la masa absorba el agua por completo.

4. En este punto, tendrás una bola de masa dura. Te lo advierto: ¡no tendrá muy buen aspecto! Déjala sobre la encimera y cúbrela con el bol en donde hiciste la mezcla. Deja que repose 45 minutos.

5. Amasa 5 minutos más la bola, y cúbrela. Déjala reposar otros 30 minutos.

6. Divide la bola en dos. Cubre una mitad, y estira la otra con paciencia hasta que tenga un grosor de 2 mm. Ojo: la masa querrá volver a encogerse, ¡pero esto significa que el gluten ha florecido bien! Eso sí, no dejes de estirar.

7. Enharina bien la superficie de la masa y dóblala 4 veces hasta tener un rectángulo amplio. Utiliza un cuchillo afilado y, con ayuda de un chef adulto, corta tiras de aproximadamente 1 mm de ancho.

8. Haz rodar los noodles con la mano, separando las tiras con tus dedos.

9. Cocínalos en agua hirviendo de 1 a 3 minutos (según su grosor), y luego escúrrelos.

El mundo de los cereales

Los cereales y los granos forman una gran parte de la dieta de la mayoría de las personas, ¡así que son muy, pero que muy importantes!

Salvado

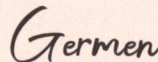
Endospermo

Germen

Los granos se componen de tres partes: el salvado, que es la capa exterior repleta de fibra y vitamina B; el germen o embrión, que contiene grasas y vitaminas, y el endospermo, que recubre el embrión y contiene proteínas y carbohidratos.

Centeno

El centeno es muy popular entre los panes porque aporta sabor a nueces. El pan de centeno es muy estimado en los países nórdicos.

Trigo sarraceno

Esta pequeña semilla a menudo se muele para obtener harina con la que se hacen sabrosos crepes y fideos soba (página 77). En Rusia y el este de Europa se consume un plato muy popular llamado kasha, en el que se cuece el grano entero con mantequilla.

Avena

El plato nacional de Escocia, el porridge, se cocina empleando avena, uno de los pocos granos que crecen en este país tan lluvioso. Cortada, en copos o de preparación instantánea, la avena se emplea siempre entera.

Bulgur

Grano pequeño que se obtiene a partir del trigo. El bulgur al vapor se consume por todo Oriente Medio y es el ingrediente principal del tabulé, una ensalada compuesta sobre todo de perejil.

Farro

El farro es un grano italiano que crece sobre todo en la zona central y en el norte, y suele utilizarse en ensaladas.

Mijo

Puede ser amarillo, gris, blanco o rojo, y se consume con mucha frecuencia por toda la India y China. Se suele comer en gachas, pero también se muele para obtener harina con la que se hace un pan indio llamado roti.

Tef

Es un tipo de mijo habitual en Etiopía. Se fermenta y se muele para hacer injera, un pan plano y esponjoso que acompaña a distintos platos tradicionales.

Quinoa

La quinoa es un grano peruano con más de 5000 años de antigüedad: se considera una proteína completa y a menudo se sirve en ensalada o con arroz.

Trigo

El trigo es uno de los cultivos más extendidos por todo el mundo y se emplea para hacer pan, fideos, pasta, bizcochos, galletas, magdalenas... ¡Infinidad de platos!

Cebada

La cebada es magnífica para las sopas o los guisos, ¡y además tiene gusto a nuez!

Todo sobre el arroz

El arroz es un alimento básico para millones de personas de todo el mundo. ¡Gusta tanto que se cultiva en tres continentes distintos! Actualmente, China es el principal consumidor, seguida por la India, Indonesia, Bangladés, Vietnam, Filipinas y Tailandia. El primer país no asiático que aparece en esta lista es Brasil.

El arroz puede clasificarse por el tamaño del grano (corto o largo) y puede encontrarse con su grano entero, como el arroz integral, o descascarillado, como el blanco.

Arroz salvaje

Sus granos son largos y a menudo se mezclan con otros tipos de arroz. Este arroz es mucho más duro que sus compañeros de grano blanco y se suele emplear en ensaladas.

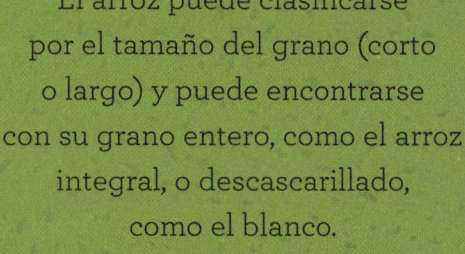

Arroz de jazmín

Cultivado sobre todo en Tailandia, el arroz de jazmín desprende un perfume peculiar al cocinarse.

Arroz de grano largo

El arroz basmati, el más consumido en la India, es conocido por su aroma a flores y a nuez.

Arroz partido

Lo puedes encontrar en los bazares asiáticos. Es todo aquel grano roto que no se pone en los paquetes de arroz más caros. ¡Perfecto para hacer gachas de arroz!

Estas variedades se utilizan
para hacer paella y absorben
un montón de líquido
sin que se peguen.

Es el preferido en Japón.
Una vez cocido,
es pegajoso y conserva
la forma con facilidad.

Calasparra y bomba

Arroz para sushi

Esta es la versión integral
del arroz glutinoso
y tiene un intenso color
púrpura una vez cocido.
En Asia, también se utiliza
sobre todo para postres,
sopas o bebidas dulces.

Arroz glutinoso negro

Este arroz
es increíblemente
pegajoso (¡más que
el arroz para sushi!)
y se emplea a menudo
en platos dulces
(en Tailandia se sirve
de acompañamiento
con las ensaladas).

Arroz glutinoso

Arroz de grano corto

El arborio y el carnaroli, más comunes
en Italia, son perfectos para hacer
risottos y necesitan una cocción lenta
para liberar el almidón y su cremosidad.

¡SUPERCONSEJO!
*No todos los tipos de arroz necesitan la misma
cantidad de líquido ni el mismo tiempo de cocción.
Lee bien las instrucciones del paquete.*

Arroz frito con huevo

**INGREDIENTES
PARA 3 RACIONES**

300 g de arroz blanco
 (sobras de arroz cocido)

2 huevos

1 cucharada sopera de salsa de soja suave

2 cebolletas

**1 cucharada sopera de aceite de cocina
 de sabor neutro** (algún aceite vegetal)

1 chorro de aceite de sésamo tostado

1. Calienta las sobras de arroz en el microondas durante 45 segundos. Este paso no es esencial, pero ayudará a que el arroz se suelte un poco.

2. Calienta el aceite en un wok antiadherente y añade el arroz. Repártelo sobre la superficie con una espátula.

3. Entretanto, trocea las cebolletas y bate los huevos junto a la salsa de soja suave.

4. Cuando los granos de arroz comiencen a saltar, remuévelo. Añade la parte blanca de las cebolletas.

5. Cuando el arroz esté humeando, apártalo a un lado, dejando hueco para los huevos, y añádelos. Espera que se hagan durante unos pocos segundos y, después, júntalo todo y sigue salteando.

6. Retira del fuego los huevos cuando estén hechos y añade la parte verde de la cebolleta. Echa el aceite de sésamo y mezcla todo bien.

7. Sirve acompañado de alguna otra cosa, como aceite o salsa de chile, o con tu plato chino preferido.

El arroz frito es un plato perfecto para cocinar con las sobras de arroz. Solo necesitarás un wok antiadherente, huevos, cebolleta, salsa de soja suave y un buen fuego. Una vez tengas dominado el arte de revolver bien el arroz, puedes comenzar a añadir otras cosas: gambas, kimchi, sobras de carne asada, verduras varias... ¡El arroz frito puede convertirse en tu plato estrella!

CONSEJO PARA LOS CHEFS ADULTOS

*Es importante no dejar el arroz cocido a temperatura ambiente.
El ambiente cálido puede provocar el crecimiento de una bacteria
que puede enfermarte. Pon el arroz en la nevera cuando termines de comer
y consúmelo en un plazo de dos días.*

Tahdig

**INGREDIENTES
PARA 3 RACIONES**

360 g de arroz basmati crudo

130 g de yogur sin desnatar

1 l de agua

**1 pellizco de azafrán
en polvo** (opcional)

½ cucharadita de sal

**2 cucharadas soperas
de mantequilla**

**2 cucharadas
de aceite de oliva**

*Para esta receta es esencial
una sartén antiadherente con
tapa. Utiliza una de tamaño
mediano, para que la capa
de arroz sea bastante
gruesa.*

Tahdig, en persa, se refiere a la capa
tostada y crujiente que queda en el fondo
de la sartén donde has cocinado el arroz.
Este plato es un festín para la vista, pero lleva
su tiempo y solo podrás saber si ha salido
bien cuando le des la vuelta. Sin embargo,
el resultado es espectacular. ¡Seguro
que dejas a todos alucinados!

1. Lava el arroz dos o tres veces. Después, añade la sal y el arroz lavado en una olla grande hirviendo. Cuece durante 7 minutos y, tras escurrirlo en un colador, enjuaga con agua fría.

2. Calienta el aceite de oliva en la sartén antiadherente a fuego medio. Cubre todo el fondo de la sartén, pero sin que llegue a humear.

3. Mezcla el yogur con la mitad del arroz. Extiéndelo sobre el aceite, teniendo cuidado de que no salpique. Pídele ayuda a un adulto si es necesario.

4. Esparce la otra mitad del arroz por encima. Espolvorea con el azafrán en polvo, si vas a utilizarlo.

5. Haz agujeros de unos 2 cm en la capa de arroz. Reparte trozos de mantequilla por la superficie.

6. Tapa la sartén y cocina a fuego lento durante 45 minutos. ¡Es el momento de levantar con cuidado el arroz para ver si la base tiene un color tostado! Si no te sale este paso, ve comprobando la cocción del arroz y, cuando esté listo, sácalo del fuego. ¡A veces puede tardar hasta una hora!

7. Esta es la parte más importante y para la que necesitarás la ayuda de un chef adulto: ¡darle la vuelta! Coloca una fuente grande sobre la sartén y, llevando guantes de cocina, voltéala con rapidez. El arroz debería tener una costra dorada y crujiente, pero no te desanimes si no lo has logrado. Aunque no la tenga, ¡se puede comer perfectamente!

Arroz con leche

**INGREDIENTES
PARA 4 RACIONES**

100 g de arroz redondo
de grano corto, lavado
y escurrido

**700 ml de leche
semidesnatada**

40 g de azúcar extrafino

Especias al gusto:
6 vainas de cardamomo,
1 rama de canela,
**2 anises estrellados o nuez
moscada bien rallada...**
¡Puedes combinarlas!

**4 cucharadas soperas de nata
para montar** (opcional)

Fruta de hueso (ciruelas,
melocotones o nectarinas, etc.),
**o una cucharada sopera
de mermelada por persona**

¡SUPERCONSEJO!

*El arroz redondo es mejor para hacer
risottos y sushi, y además es más
barato que el arroz de especialidad.*

El arroz de grano corto es el ideal para cocinar este plato. Más redondo que sus primos el basmati y el arroz de jazmín, este tiene más almidón y la textura perfecta para el arroz con leche, los risottos o el sushi, gracias a su consistencia. Un arroz con leche calentito es perfecto para las tardes de frío, gracias a las deliciosas especias y frutas melosas.

1. Añade el azúcar, la leche y las especias en una sartén pequeña. Si vas a usar cardamomo, aplasta un poco las vainas en la mano para que asomen las semillas.

2. Pon la leche a cocer a fuego medio, removiendo hasta que humee. Apaga el fuego y deja que la leche se infusione con la tapa puesta durante 2 horas o más. Si quieres, puedes hacer esto por la mañana y dejarla en la nevera hasta la tarde.

3. Unta un molde para pan con mantequilla, añade el arroz y vierte la leche con un colador. Cocina en el horno durante 2 horas a 140 °C hasta que los granos de arroz estén blandos y bailen ligeramente cuando los menees (¡usa guantes de cocina!).

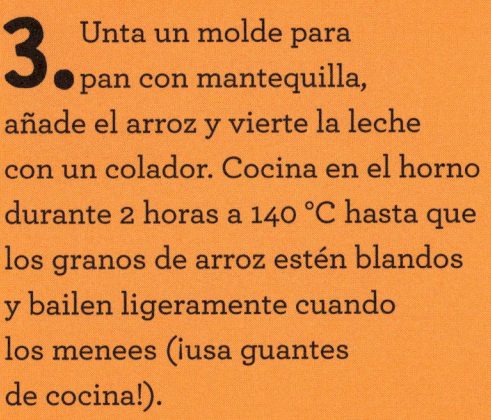

4. Mientras el horno esté encendido, puedes asar la fruta. Córtala por la mitad, quítale el hueso y colócala con la piel hacia abajo en una bandeja para hornear. Ásala a 200 °C durante unos 10-15 minutos (dependiendo del tamaño), hasta qué esté blanda.

5. Sirve echando una cucharada de nata y un poco de la deliciosa fruta asada en cada bol.

Sobre la autora

Lizzie Mabbott es una cocinera autodidacta, impulsada
por un apetito insaciable y su resiliencia ante los contratiempos:
un kimchi que explota o una focaccia seca como el cartón no la desaniman
lo más mínimo en su búsqueda de lo exquisito. Vive en Berlín,
corre detrás de su hijo pequeño, sueña a menudo con su país natal
y recrea las recetas de su infancia en Hong Kong. Sus platos favoritos
son los noodles y la mayoría de las recetas de arroz
(¡pero no se acercará a una chirivía jamás!).

Sobre la ilustradora

Charlotte Dumortier es una ilustradora independiente
que vive en Amberes, Bélgica. Ha ilustrado diversos libros para niños,
entre ellos *The Orange* (La naranja), *Murphy's Miserable Space Adventures*
(Murphy y sus lamentables aventuras espaciales) y *Ella Wil Een Hond*
(Ella quiere un perro). Su comida favorita es la sopa de fideos.